Michel Widmer und Stephan Uhr

Tolles Rohr

**Kreative Boomwhacker-Spiele
für Schule und Freizeit**

FIDULA

Impressum

Lektorat: Enrico Ehlers, Katharina Holzmeister
Illustrationen: Irmtraud Guhe
Layout und Umsetzung: Jan Moryson
Druck und Verarbeitung: ScandinavianBook
Rudolf-Diesel-Str. 10, 91413 Neustadt a. d. Aisch

© Fidula 2008
Alle Rechte vorbehalten. Keine unerlaubte Vervielfältigung!

Fidula-Verlag
56281 Emmelshausen
www.fidula.de

Best.-Nr. 927
ISBN 978-3-87226-927-0

Inhalt

Vorwort	6
Einleitung	8
Über die Autoren	8
Elementare Musik- und Tanzpädagogik	8
Boomwhacker sind ein elementares Instrumentarium	8
Kreativität	9
Musizieren ohne Noten	10
„Im Fokus"	11
Herkunft und Entstehung der Spiele	11
Einführung in den Spielekatalog	12
Übersicht: Boomwhacker und ihr Tonumfang	14
Grundlegende Spieltechniken	16
Erweiterte Spieltechniken	18
E Explorationsspiele	21
Einführung	22
E1 Ausprobier-Runde	23
E2 Stop and Go	24
E3 Impulsspiel mit Objekten	25
E4 Ausprobier-Rondo	26
E5 Begrüßungsspiel	28
E6 Ausprobieren im Team	29
E7 Röhren-Poker	30
E8 Aktionslied „Tolles Rohr"	31
Im Fokus 1: Warum Kinder auf Boomwhacker fliegen	32
D Dirigierspiele	35
Einführung	36
D1 Klangteppich dirigieren	37
D2 Wer dirigiert mit?	38
D3 Dirigieren mit den Füßen	40
D4 Rhythmusteppich dirigieren	41
D5 Maschinenmeister	43
D6 Morsezeichen	44
D7 Innen und außen	45
Im Fokus 2: Boomwhacker – mit vielen Sinnen	46

R Rhythmusspiele — 49

Einführung — 50
R1 La Ola – die Welle — 51
R2 Boomwhacker verschenken — 52
R3 Mit Rhythmusbausteinen spielen — 53
R4 Abzählverse vertonen — 54
R5 Echospiel — 56
R6 Herzschlag — 57
R7 Buschtelefon — 59
R8 Taxi fahren — 59
R9 Rhythmus-Rudel — 61
R10 Rhythmus-Rudel unterwegs — 62
R11 Ja oder Nein! — 63
R12 Du darfst! — 64
R13 Groove & Fills — 65
R14 Rhythmusleuchten — 67
R15 Spielverderberspiel — 68
R16 Boomwhacker-Samba — 69

Im Fokus 3: Was ist an diesem Buch zur Arbeit mit Boomwhackern neu? – eine Antwort mit Hilfe entwicklungspsychologischer Begriffe — 72

V Verklanglichungen — 75

Einführung — 76
V1 Eine Erbse geht auf Reisen — 77
V2 Boomwhacker-Lawine — 78
V3 Boomwhacker-Gewitter — 79
V4 Wasserkreislauf — 80
V5 Regensinfonie — 82
V6 Gedichte verklanglichen — 84
V7 Lieder ausschmücken — 88

Im Fokus 4: Boomwhacker unterstützen das Zutrauen in die eigene Leistung — 91

B Spiele mit Bewegung — 93

Einführung — 94
B1 Vulkanausbruch — 95
B2 Geisterstunde — 97
B3 Meereswellen — 98
B4 Musikmaschine — 100
B5 Jump in — 102
B6 Move the Groove – pentatonisch — 103
B7 Move the Groove – diatonisch — 104
B8 Boomwhacker-Psychedelic — 106
B9 Treffen der Außerirdischen — 108
B10 Samba Dança e Drama — 111
B11 Funky-Whacky-Beat-Kanon — 113
B12 Zirkus spielen — 115

Im Fokus 5: Boomwhacker – fördern sie das Sozialverhalten? — 121

Hö   Hörspiele — 123
Einführung — 124
Hö1 Wie war das? — 125
Hö2 Geordnet wie die Orgelpfeifen — 125
Hö3 Ochs am Berg — 126
Hö4 Schiffe im Nebel — 127
Hö5 Blindes Schaf — 128
Hö6 Partnersuche — 129
Hö7 Wer war es? — 130

Im Fokus 6: Boomwhacker – nicht nur für „Musikprofis" — 131

Ha   Spiele mit Harmonien — 133
Einführung — 134
Ha1 Boomwhacker-Gangs — 135
Ha2 Quod libet – 1625 — 137
Ha3 Tube Blues — 141
Ha4 Flipflop pentatonisch — 144
Ha5 Flipflop harmonisch — 147
Ha6 Rockkonzert — 149
Ha7 Boomwhacker-Reggae – Plastic Boombastic — 152
Ha8 Malagueña — 155
Ha9 Harmoniebaukasten — 157

Im Fokus 7: Boomwhacker – Möglichkeiten und Grenzen — 160

Z   Zwischenspiele — 163
Einführung — 164
Z1 Ich sehe wen, der mich auch sieht — 164
Z2 Klangmassage — 165
Z3 Kurzschluss — 167
Z4 Ratespiel — 168
Z5 Klanggasse — 168
Z6 Spieladaptionen — 169

Anhang — 171
Spieleregister (nach Altersangaben) — 172
Geschichte und Verbreitung der Boomwhacker — 178
Glossar — 179
Literaturverzeichnis — 182
Tipps zur Anschaffung und Lagerung — 185
Selbstbau von Boomwhackern — 186
Kopiervorlagen — 188

Vorwort

Tolles Rohr – warum?
10 Jahre Erfahrung und Entwicklung drängen ans Licht der Öffentlichkeit. Seit das neue Instrumentarium Boomwhacker[1] 1997 seinen Weg aus den USA über den Atlantischen Ozean nach Europa fand, beschäftigen wir uns gerne und mit viel Spielfreude mit Boomwhackern. Wir haben zusammen mit Kindern, Jugendlichen, Studierenden und lehrenden Personen[2] in Klassenräumen, Turnhallen, auf der Wiese, im Konzert und in Fortbildungen viele großartige Momente im Spiel mit dem „tollen Rohr" Boomwhacker erleben dürfen. Bei Fortbildungen wurden wir von Kolleginnen und Kollegen aufgefordert, unsere Ideen und Spiele zu veröffentlichen. Zwei Jahre haben wir gebraucht, um diese Sammlung von Spielen, Ideen und Gedanken zusammenzustellen. Es hat so lange gedauert, weil wir nicht nur geschrieben, sondern mit unseren Klassen und Gruppen auch immer weitergearbeitet haben. Bis zum Schluss wurde immer neues Spielmaterial ausprobiert und die Sammlung erweitert.

Tolles Rohr – was ist drin?
Unser Buch möchte sich bewusst auf den kreativen Umgang mit Boomwhackern einlassen und konzentrieren. Wir entdecken und beschreiben spielerische Möglichkeiten mit:
- Rhythmus
- Klang
- Harmonik
- Improvisation
- Komposition
- Arrangement
- Bewegung und Choreographie.

Der hier angebotene große Katalog von Spielen basiert auf der genauen Beobachtung der Eigenschaften und Möglichkeiten von Boomwhackern unter Einbeziehung entwicklungspsychologischer Faktoren und Erkenntnisse. Wir fassen in diesem Buch unsere langjährige Erfahrung mit dem Instrumentarium in den unterschiedlichsten Gruppen in Schule, Freizeit und Sozialer Arbeit zusammen.

---

1 Zur besseren Lesbarkeit verwenden wir für die Mehrzahl von „Boomwhacker" eine eingedeutschte Form: „Boomwhacker" – im Genitiv „Boomwhacker" und Dativ „Boomwhackern". Das englische Verb „to whack" bedeutet „schlagen".

2 In diesem Buch wollen wir so oft wie möglich eine geschlechtsneutrale Bezeichnung verwenden. Wo dies nicht möglich ist, verwenden wir jedoch beide Geschlechter.

Tolles Rohr – für wen?
Dieses Buch richtet sich an Pädagoginnen und Pädagogen aus der Schule, Freizeit und der Sozialen Arbeit, die ...
- mit Menschen im Alter von 4-99 spielen und arbeiten
- musikalisch ein wenig ausgebildet oder interessiert sind oder ...
- musikalische „Profis" sind
- auch ohne Noten arbeiten wollen
- gerne neue Dinge ausprobieren
- Musik in spielerischen Formen praktizieren möchten
- Improvisation ins Spiel bringen
- Musik gerne mit Bewegung und Tanz verbinden

Tolles Rohr – welche Vorteile?
- Jede und jeder kann in diesem Buch etwas finden, das sie oder ihn anspricht.
- Vieles hat Modellcharakter und lässt sich für die verschiedenen Zielgruppen in Schule und Freizeit auch adaptieren und weiterentwickeln.
- Die Spiele fordern und fördern zugleich die Entwicklung der am Spiel beteiligten Individuen und der beteiligten Gruppen.

Tolles Rohr – ohne CD?
Wir verzichten bewusst auf die Beifügung einer CD mit Beispiel-, Mitmach- oder Nachmachcharakter. Davon gibt es schon genug, und wir vertrauen darauf, dass jede Gruppe ihre „eigene" Musik entwickeln wird.

Wir wünschen Ihnen mit diesem Buch viel Freude und erfüllende Stunden mit ihren Gruppen.

Stephan Uhr und Michel Widmer

Einleitung

Über die Autoren

Jeder von uns kommt aus einer anderen pädagogischen Fachrichtung, einerseits der Grundschulpädagogik und andererseits der Sozialpädagogik. Was uns verbindet, ist ein gemeinsames Interesse an der Elementaren Musik- und Tanzpädagogik.
Es stellte sich heraus, dass wir beide sehr gerne mit Boomwhackern arbeiten.
So stellen sich hier zwei Fragen:
- Was macht die Elementare Musik- und Tanzpädagogik für diese beiden Arbeitsfelder so interessant?
- Und was für eine Rolle spielen Boomwhacker dabei?

Elementare Musik- und Tanzpädagogik

Der Komponist und Pädagoge Carl Orff, der gemeinsam mit der Komponistin und Pädagogin Gunild Keetman die Elementare Musik- und Bewegungserziehung ins Leben rief, betont in seiner Definition von „Elementarer Musik" die enge Verbundenheit von Musik, Bewegung und Sprache. Es sei eine Musik, die man selbst tun müsse, in die man nicht nur als Hörer, sondern auch als Mitspieler einbezogen werde (vgl. Orff, 1964, S. 16).
In dieser zentralen Aussage stecken einige Antworten, warum sich immer wieder Personen aus den Bereichen Schule und Soziale Arbeit für die Elementare Musik- und Tanzpädagogik interessieren:

- Die Verbindung von Musik, Bewegung und Sprache ist körperhaft und gibt dem Körper als Ursprung der Musik wieder mehr Beachtung.
- Es wird der aktive Prozess angesprochen, der bei den Beteiligten Motivationsbildung und Interesse unterstützen kann.
- Es wird die Beteiligung an der Entwicklung und Ausgestaltung eines musikalischen Spieles oder eines Musikstückes angesprochen.
- Das gemeinsame musikalische Spiel fördert den sozialen Prozess in der Gruppe und die sozialen Fähigkeiten der Individuen.
- Der Elementaren Musik- und Tanzerziehung liegt ein humanistisches Weltbild zugrunde und sie hat eine emanzipatorische Richtung.

Einige dieser Aspekte greifen wir ausführlicher in den Einleitungen der Spielekapitel oder den gedanklichen Einschüben „Im Fokus" auf.

Boomwhacker sind ein elementares Instrumentarium

Carl Orff veranlasste in den 20er Jahren des letzten Jahrhunderts, in Anlehnung an Instrumente aus verschiedenen Kulturen der Welt, den Bau des Instrumentariums, welches heute als Orff-Instrumentarium oder Elementares Instrumentarium weit verbreitet ist. Xylophone, Metallophone, Glockenspiele werden durch kleines Schlagwerk, aber auch Latin-Percussion, Volksmusikinstrumente und einfach zu spielende Saiteninstrumente ergänzt. Das Elementare Instrumentarium lässt sich dadurch charakterisieren, dass es in kurzer Zeit erlernbar sein soll, um Kindern und Laienmusikern wie auch ausgebildeten Musikern die Möglichkeit zum gemeinsamen Musizieren und zum musikalischen Ausdruck anzubieten. Darüber hinaus sollen die Instrumente klanglich interessant sein und abwechslungsreiches Spiel ermöglichen.

Dazu sagte Orff selbst: „Wie die Instrumente, mit denen man spielt (spielt wie ein Kind), von dem Spielenden Besitz ergreifen, wie die Klangvorstellung an dem Gehör sich immer neu entzündet, wie das Kind und auch der Fachmusiker gebannt und bannend an diesen kindlichen Instrumenten sitzt, ist nur im Erlebnis und nicht in Worte zu fassen. Die Unbewusstheit, das Hineingleiten in Musik, nicht die Musik, die man lernt, sondern die jeder Mensch in sich trägt, jeder in sich findet, das ist das Entscheidende" (Orff, 1932. Zitiert in: Kugler, 2002, S. 181).

Diese Beschreibung von Carl Orff über das Spiel mit elementaren Instrumenten ist nach unserer Erfahrung auch heute für das Instrumentarium Boomwhacker zutreffend.

Der Musikpädagoge Werner Rizzi beschreibt den Reiz an Boomwhackern im Vorwort von „Tubular Music" (von M. Junker, 2003, Boppard, Fidula):

„Der Reiz der Instrumente liegt einerseits in der leichten Handhabbarkeit, die aber andererseits eine Fülle von Differenzierungen und Spielvarianten zulässt. Im entdeckenden Lernen wachsen den Experimentierenden immer neue Ideen zu. Von einfachen bis hin zu komplexen Strukturen ist hier ein im besten Sinn elementares Spiel möglich."

Boomwhacker können daher als eine sehr gute Erweiterung des Elementaren Instrumentariums angesehen werden. Sie sind im musikalischen und bewegten Spiel mit allen anderen elementaren Instrumenten kombinierbar und in vielfältiger Art und Weise einsetzbar.

Die Spielweisen dieses Instrumentariums erweitern sich ständig. Viele Ideen wurden von Mitgliedern unserer Gruppen eingebracht. In den zwei Übersichten **Grundlegende Spieltechniken** (S. 16/17) und **Erweiterte Spieltechniken** (S. 18/19) werden vielfältige Spieltechniken in Wort und Bild angeführt. In der Übersicht **Boomwhacker und ihr Tonumfang** (S. 14/15) finden Sie weitere wichtige Informationen zum Instrumentarium.

Kreativität

Im Titel des Buches wird von kreativen Boomwhacker-Spielen gesprochen. Der oftmals sehr diffus verwendete Begriff „Kreativität" ist einer etwas genaueren Betrachtung würdig:

- Im heute vorherrschenden Verständnis bedeutet Kreativität, schöpferische Kraft zu besitzen. In dem Begriff „Kreativität" steckt das lateinische „crescere" mit seiner Bedeutung „erschaffen"; Menschen können aus schon vorhandenen Erfahrungen und bekanntem Wissen neue „Kreationen" schaffen. Dabei entdecken sie bisher unbekannte Beziehungen. Das Neue ist immer originell, zumindest für den Denkenden und Handelnden selbst.
- Oft wird Kreativität nur einem Individuum oder besonders „genialen" Persönlichkeiten zugestanden. Demgegenüber vertritt der Pädagoge Olaf-Axel Burow die Position, dass jeder Mensch als Bestandteil eines kreativen Feldes zu schöpferischen Leistungen fähig ist (vgl. Burow, 1999, S. 15).

- Kreativität ist nicht einfach vorhanden oder nicht vorhanden. Dem Erfinder Thomas Edison wird der Satz zugeschrieben: „Kreativität ist 10% Inspiration und 90% Transpiration."
- Der Psychologe D. Fröhlich versteht unter Kreativität die „… allgemeine Bezeichnung für das Auffinden neuer und origineller Problemlösungen bzw. Mittel des künstlerischen Ausdrucks durch eine Synthese von Erfahrung und Phantasie" (Fröhlich, 2002, S. 393).
- Für den Mediziner Rainer M. Holm-Hadulla hängt die Fähigkeit zur Kreativität von Begabungen, Motivationen und Persönlichkeitseigenschaften ab; er beschreibt dabei intrinsisches Interesse, Neugier und Selbstwertsteigerung als wichtigste Motivationsfaktoren (vgl. Holm-Hadulla, 2005).
- All dies zeigt: Die Entwicklung von Kreativität kann gefördert werden. Dabei scheinen neben der einzelnen Person auch Anregungen durch das Umfeld, das Material oder die Problemstellung, welche Raum für individuelle Wege und Ergebnisse lässt, und der kreative Prozess selbst eine wichtige Rolle zu spielen.

Mit den in diesem Buch vorgestellten Spielen wollen wir an diesen Fördermerkmalen von Kreativität ansetzen, denn die Förderung der kreativen Entwicklung ist neben den fachlichen Zielen und den damit verbundenen musikalischen Kulturtechniken ein zentrales Ziel jedes musikpädagogischen Handelns.

Musizieren ohne Noten

Viele der in diesem Buch vorgestellten Spiele brauchen keine Notation, die den Spielenden vorgelegt wird, um mitmachen zu können. Notation dient hier zur Vermittlung von Wissen an die leitenden Personen. Alle musikalischen Muster und Strukturen können auch ohne den Einsatz von Notation mit den Gruppen erspielt werden. Dieser Zugang ist im Feld der sozialen Arbeit besonders wichtig, da so ein „niederschwelliger" Zugang zum musikalischen Erlebnis in der Gruppe geschaffen wird. „Niederschwelligkeit" zeichnet sich einerseits durch die Möglichkeit zum Mittun ohne große Vorbedingungen und andererseits durch schnell erreichbare positive Erlebnisse und Ergebnisse aus. So kann der bei vielen Menschen vorherrschende passive und berieselnde Umgang mit Musik durch aktive Gestaltungsmöglichkeiten erweitert werden. Für uns charakterisiert sich die Arbeit ohne Notation folgendermaßen:

- Man muss nicht lange üben, sondern kann gleich von Beginn an oder nach einer kurzen Übungsphase mitspielen.
- Bei komplexeren Spielen mit harmonischen Strukturen dauert die Übungsphase länger. Dafür ergeben sich danach viele Möglichkeiten zum Verändern, Arrangieren und Improvisieren.
- Weil sich die Spielenden nicht auf ein Notenbild konzentrieren müssen, können sie sich leichter auf improvisatorische Elemente und das Miteinander in der Gruppe einlassen.
- Gibt es einen guten Vorschlag aus der Gruppe, lässt sich schnell etwas hinzufügen oder wegnehmen.
- Regeln für Spiele und auch das musikalische Material, wie z.B. Rhythmen, legen den Spielraum fest, in dem sich Spielende verhalten und bewegen – ist dieser Raum veränderbar, wird gerne gespielt und geübt.

- Es fällt leichter, Vorschläge zu machen und in den Austausch zu kommen. Dabei spielt die Interaktion der Gruppe eine wichtige Rolle
- Durch das überwiegend schriftlose Musizieren, Bewegen und Tanzen können sich die teilnehmenden Personen ganz auf das eigene Spiel und das Miteinander und das Gruppengeschehen einlassen.

„Im Fokus"

Zwischen den Spielekapiteln gehen wir besonders interessanten Aspekten zum Musizieren mit Boomwhackern in kurzen Beiträgen nach. „Im Fokus" versucht Antworten auf Fragen zu geben, die wir uns im Laufe unserer Auseinandersetzung mit dem Instrumentarium Boomwhacker immer wieder stellten. Die Themen haben wir sehr persönlich ausgewählt. Dennoch sind sie zugleich von allgemeinem Interesse. Die Beschäftigung mit ihnen ist dabei weder vollständig noch abgeschlossen.

Herkunft und Entstehung der Spiele

Die meisten Spiele in diesem Buch haben wir für die Arbeit mit unseren Gruppen entwickelt. Viele sind mehr oder weniger von Spielen beeinflusst, die schon seit über 30 Jahren die Arbeit in den Feldern der Elementaren Musik- und Bewegungserziehung, der Musikpädagogik und der Sozialpädagogik bereichert haben. Im Laufe der Zeit entwickelten sich durch unsere Ideen, den Ideen der Spielenden und auch durch das besondere Instrumentarium Veränderungen, Variationen und besondere Ausprägungen. Es erscheint uns nicht sinnvoll, bei jedem Spiel mögliche Quellen und Einflüsse zu nennen, weil oftmals die Grenzen zwischen Quellen und origineller Neuschöpfung schwer zu bestimmen sind. Wir führen an dieser Stelle die Mütter und Väter vieler Spielideen mit ihren in diesem Sinne wichtigsten Veröffentlichungen an. Für die interessierten Leserinnen und Leser wird das Studium dieser Bücher eine sprudelnde Quelle der Inspiration für weitere Spieladaptionen und Spielentwicklungen, nicht nur für das Spiel mit Boomwhackern, sein.

- Lilli Friedemann: Trommeln – Tanzen – Tönen & Einstiege in neue Klangbereiche durch Gruppenimprovisation
- Fritz Hegi: Improvisation und Musiktherapie
- Klaus Holthaus: Klangdörfer
- Gunild Keetman: Elementaria
- Wilhelm Keller: Ludi musici 1-3, Spiellieder, Schallspiele, Sprachspiele
- Wolfgang Meyberg: Trommelnderweise
- Matthias Schwabe: Musik spielend erfinden
- Björn Tischler & Ruth Moroder-Tischler: Musik aktiv erleben & Musik aktiv gestalten

Einführung in den Spielekatalog

In diesem Buch werden 72 Spiele mit über 100 Variationen in folgende Spielekapitel eingeteilt:

- Explorationsspiele
- Dirigierspiele
- Rhythmusspiele
- Verklanglichungen
- Spiele mit Bewegung
- Hörspiele
- Spiele mit Harmonien
- Zwischenspiele

Die Spiele haben wir ihren Hauptmerkmalen entsprechend den einzelnen Kapiteln zugeteilt. Eine scharfe Trennung ist nicht immer möglich, da viele Spiele auch Eigenschaften aus anderen Spielbereichen in sich tragen. Durch Variation und Veränderung von Spielregeln kann sich ein Spiel in einen der anderen Spielbereiche „hinüber" entwickeln. Diese Möglichkeiten sollten von den leitenden Personen und den beteiligten Gruppen genützt werden.
Was kennzeichnet die Spiele?

- Die Spiele haben Modellcharakter.
- Sie sind erweiter- und veränderbar, eigene Ideen sind willkommen.
- Leitende Personen und Gruppen können neue Regeln einführen.
- Kooperatives Handeln zwischen allen Beteiligten ist erwünscht.
- Die Spiele sind prozessorientiert angelegt.
- Spannende Produkte sind möglich.
- Manche Spiele bauen aufeinander auf und sind in einem Spielekapitel in Folge aufgeführt.
- Es lassen sich Spielfolgen aus verschiedenen Spielekapiteln zusammenstellen.

Hilfen zur schnellen Orientierung:

- Altersangabe – Die Altersangaben (z.B. 6+) wurden aufgrund unserer Erfahrungen aus der Praxis gewählt. Durch Vereinfachung oder Ausweitung der Spielregeln oder Spielabläufe kann ein Spiel für ein anderes Alter angepasst werden. Die Spiele sind innerhalb eines Spielekapitels vom empfohlenen Mindestalter aufsteigend angeordnet.
- Zeitangabe – Wir haben Richtwerte notiert (z.B. ›15'), die den Zeitraum bezeichnen, der mindestens notwendig ist, um ein Spiel kennen zu lernen. Je nach Interesse und Prozess kann ein Spiel viel länger dauern.
- Materialangabe – Zu Beginn eines Spieles werden alle für den Spielverlauf notwendigen Boomwhacker und weitere Materialien genannt. Dabei orientiert sich die Tonauswahl an den in der Regel vorhandenen Boomwhackern. Da vom Her-

steller die Gebinde immer auf die pentatonische oder diatonische C-Skala fixiert sind, werden viele Spiele von den Autoren für diesen Tonraum eingerichtet. Wünschenswert wären natürlich die Aufhebung dieser Fixierung und das Spielen in anderen Tonräumen. Dies setzt aber das Vorhandensein weiterer chromatischer Ergänzungstöne, Basskappen und Bassboomwhacker voraus.
- Gruppengrößen – Wir haben fast immer auf die Angabe von Gruppengrößen verzichtet. Da Boomwhacker ein Gruppeninstrumentarium sind, sollte eine Gruppe aus mindestens 10 Personen bestehen. Nach oben gibt es keine Grenze. Einmal durften wir mit mehr als 200 Personen spielen.
- Spieleregister – Am Ende des Buches werden alle Spiele und Variationen nach Altersangaben und in der Reihenfolge der Spielekapitel aufgelistet. So wird ein schneller Zugriff unterstützt.
- Mit dem „Tipp"-Symbol sind Ideen für die direkte Umsetzung in der Praxis gekennzeichnet.
  Auf den gelben „Notizzetteln" haben Sie Platz für eigene Ideen.

Alle Spiele eignen sich zugleich für den Einsatz in Schule und sozialpädagogischen Arbeitsfeldern. Es liegt in der Verantwortung und pädagogischen Kreativität der leitenden Personen, wie und in welchem Zusammenhang die Spiele eingesetzt werden.
Wir wünschen allen Leserinnen und Lesern Mut zum Ausprobieren und zum Verändern der Spiele und viel Freude mit TOLLES ROHR!

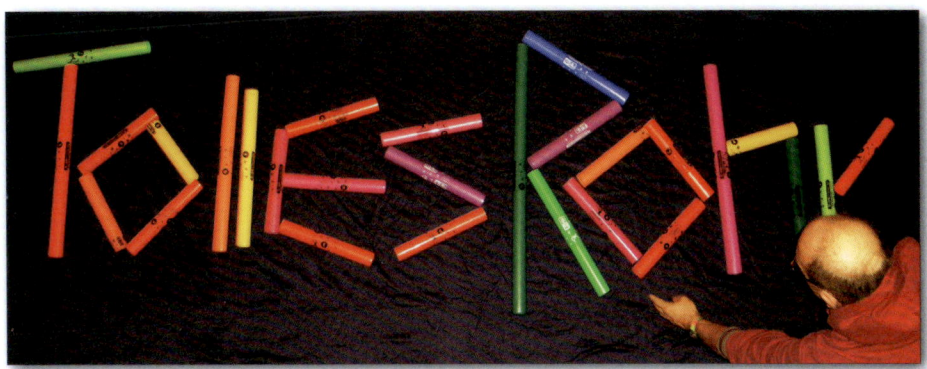

Übersicht: Boomwhacker und ihr Tonumfang

Folgende Töne gibt es im Instrumentarium Boomwhacker:

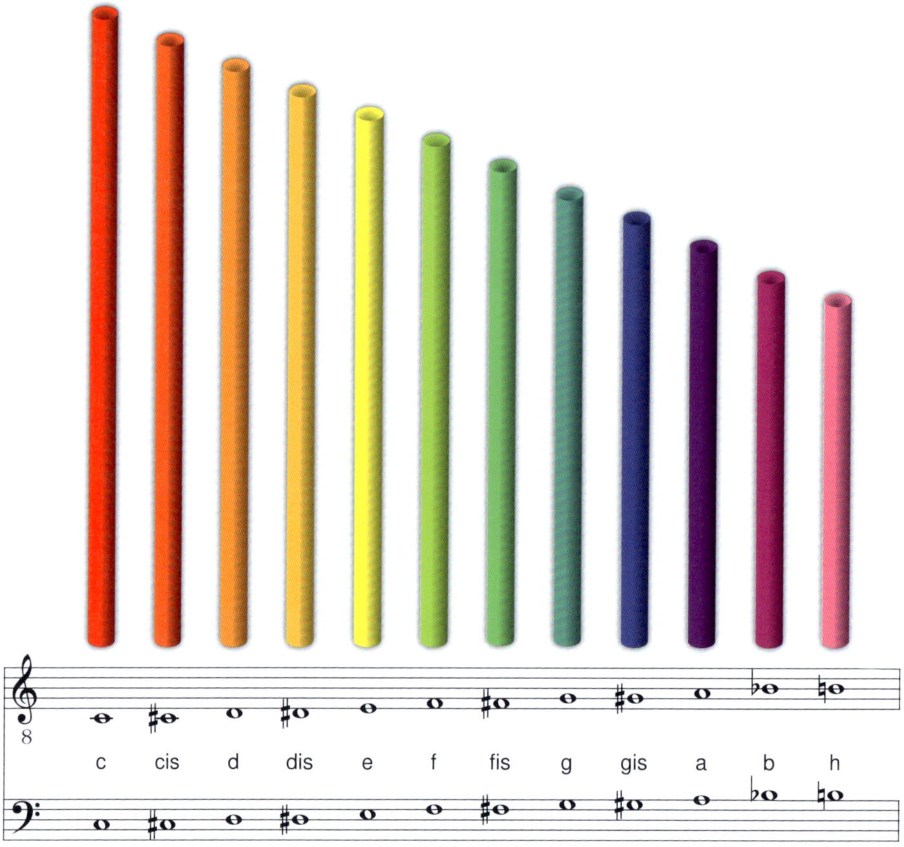

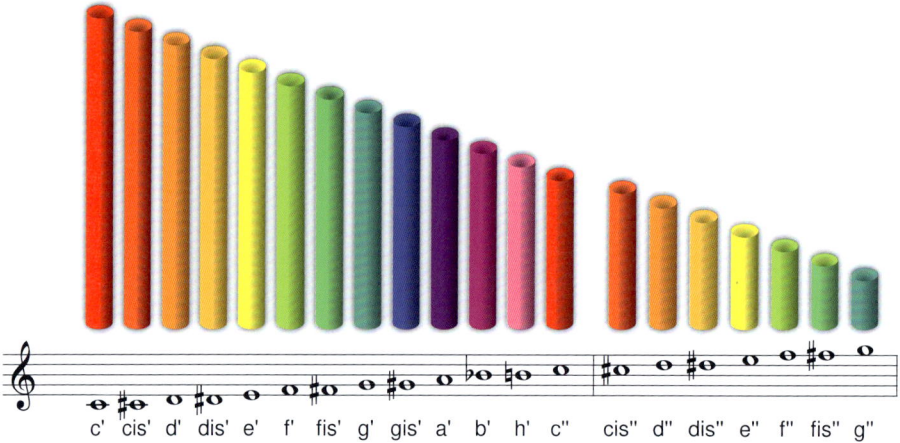

Tonumfang der Bassboomwhacker (diatonisch und chromatisch)

Tonumfang der Boomwhacker (diatonisch und chromatisch mit hohem Register)

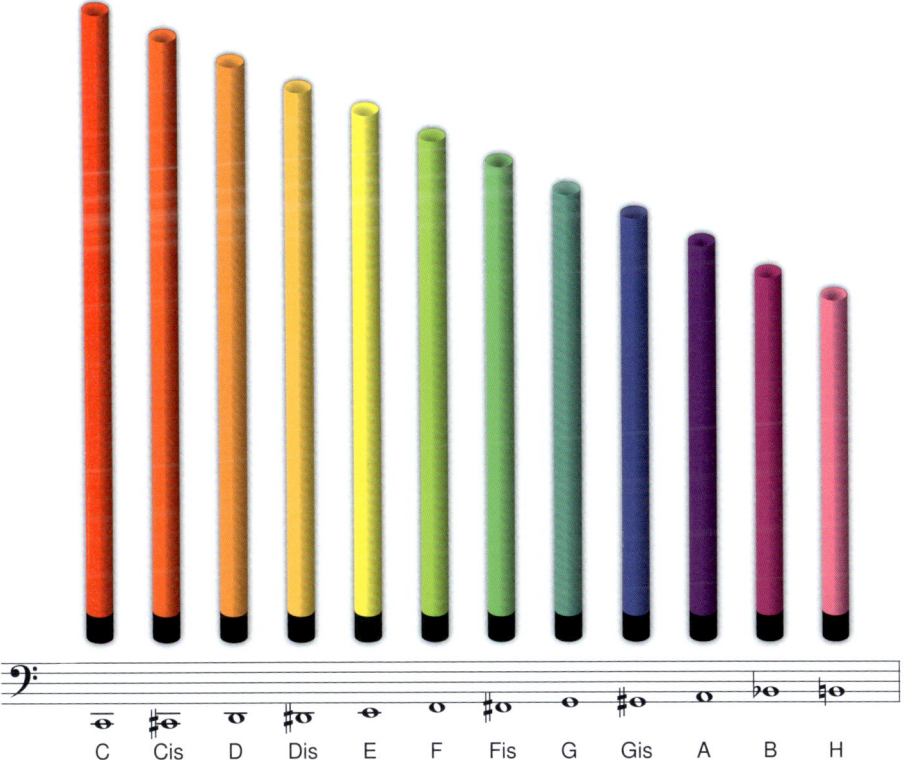

Tonumfang der Bassboomwhacker mit zusätzlicher Basskappe (diatonisch und chromatisch)

In diesem Buch werden ausschließlich die Tonnamen von c bis g" verwendet. Röhren, die mit Basskappen versehen sind, erhalten einen Strich unter dem Tonnamen: Der Ton c mit Basskappe wird also „c" notiert (und entspricht damit dem klingenden Ton C). Da die Basskappe den Ton eine Oktave tiefer klingen lässt, entspricht der Ton a' somit dem Ton a (d.h. dieser Ton kann entweder mit der Röhre a' plus Basskappe gespielt werden oder mit der Bassröhre a ohne Kappe). Damit die Graphik übersichtlich bleibt, wurde auf die zusätzliche Darstellung von Boomwhackern mit Basskappen zugunsten der Bassboomwhacker verzichtet.

> Beachte: Boomwhacker sind ein Produkt aus Nordamerika. Daher ist für die deutschsprachige Tonhöhenbezeichnung „h" ein „B" auf den entsprechenden Boomwhackern aufgedruckt.
> Das erniedrigte „h" wird im Deutschen als „b" bezeichnet. Im Englischen heißt dieser Ton „B♭", gesprochen: b flat („bih flät").
> In diesem Buch werden die deutschen Bezeichnungen „h" und „b" verwendet.

Grundlegende Spieltechniken

Anschlagen in die Hand

Anschlagen am Oberschenkel

Anschlagen am Unterarm

Anschlagen am Schuh

Anschlagen am Boden „Rimshot"

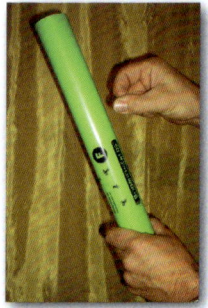
Anschnipsen mit Zeigefinger

Boomwhacker-Bongo

Ploppen in die Handfläche oder auf Oberschenkel

Zeigefingerwirbel: Mit dem Zeigefinger wird in der Öffnung eines Boomwhackers herumgewirbelt. So entsteht, wie auch bei den anderen Wirbelarten, eine schnelle Folge von Anschlägen – es klingt dann ähnlich wie ein Tremolo auf einem Xylophon.

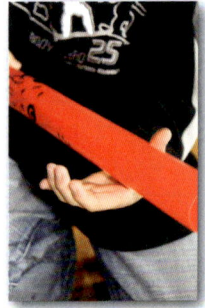
Daumen-Zeigefinger-wirbel

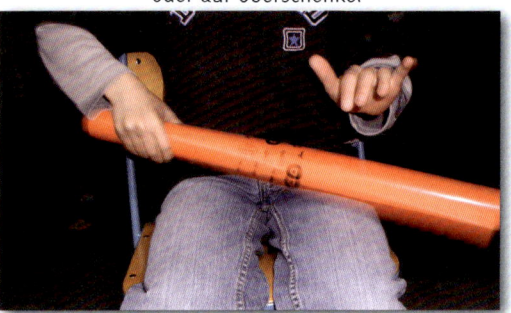
Oberschenkel-Hand-Wirbel

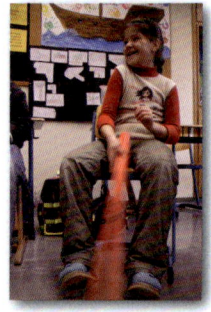
Fußwirbel

Michel Widmer und Stephan Uhr TOLLES ROHR © Fidula

Fußboden-Hand-Wirbel

Fußbodenwirbel

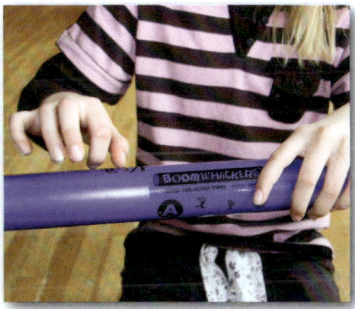
Fingerkuppenwirbel mit und ohne Fingernägel

Anblaswirbel:
Mit dem Handgelenk wird der Boomwhacker mit einer Öffnung vor dem Mund hin- und hergewirbelt. Wenn man dabei in die Öffnung hineinbläst, entsteht ein leises Tremolo.

Luftschlag

Röhren rollen

Bodenwurf mit Auffangen oder Springen lassen

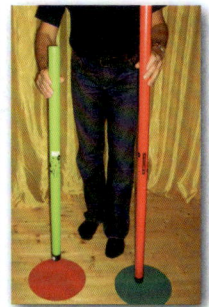
Stampfrohr mit weicher Unterlage

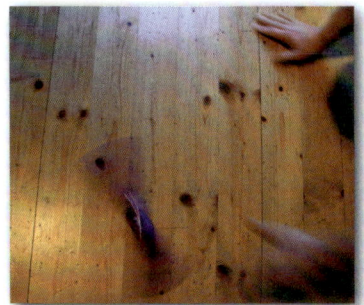
Kreiseln am Boden

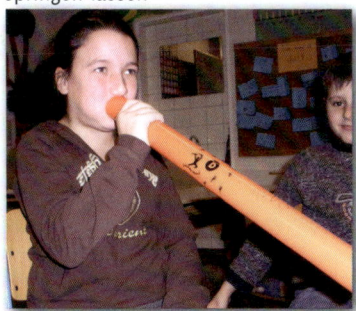
Boomwhackertrompete und -didgeridoo

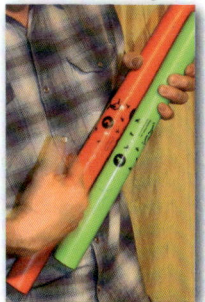
Boomwhackergitarre

Erweiterte Spieltechniken

Klingender Wurf

- Beim klingenden Wurf werden die Boomwhacker in die Luft geworfen. Ihr Aufprallen auf dem Boden und das Ausrollen können ein schönes Ende für ein Musikstück sein. *(Abb. 1)*
- Von Person zu Person: Ein Boomwhacker wird von einer Person in senkrechter Lage einer anderen Person zugeworfen. Es können auch zwei Boomwhacker geworfen werden. *(Abb. 2)*
- Jonglage: Es können Klänge entstehen, indem mit drei Boomwhackern jongliert wird. *(Abb. 3)*

Abb. 1   Abb. 2   Abb. 3

Boomwhacker-Xylophon

Die Boomwhacker werden wie ein Xylophon mit Schlägeln gespielt. Dazu werden sie nebeneinander auf ein dickes und weiches Tuch (z.B. ein Frotteehandtuch) gelegt. Damit die Röhren vor einem etwaigen Wegrollen geschützt sind, empfiehlt es sich, zwischen ihnen das Tuch ein wenig anzuheben. Einen guten Klang erreicht man mit Filz- und Gummischlägeln.

Living Keyboard

Beim Living Keyboard haben alle verwendeten Boomwhacker an einer Seite eine Basskappe. Mitspielende halten dem oder der „Keyboardspielenden" ihre Boomwhacker mit der Basskappe entgegen. Nun können die Boomwhacker auf den Basskappen mit Fingern oder Schlägeln bespielt werden. Für die Klangqualität haben sich bei den Mallets besonders jene mit Filzkopf bewährt.

Diese Technik eignet sich gut für Fill-ins oder Improvisationen, die sich durch eine neue Klangqualität hervorheben sollen. Sehr wirkungsvoll ist diese Technik auch in choreographischer Hinsicht, weil parallel zur musikalischen Bedeutung Personen auch optisch in den Vordergrund gerückt werden können. In den Spielen Ha4 und Ha5 („Flip Flop pentatonisch" und „Flip Flop harmonisch") wird eine Variation der Anschlagsart „Living Keyboard" mit sommerlichen Gummilatschen vorgestellt (siehe S. 144).

Klingendes Kullern

Im Gegensatz zum perkussiven Klang der meisten Spieltechniken erreicht man mit dem klingenden Kullern eine völlig neue Klangqualität.
Die Boomwhacker erhalten eine Basskappe und werden mit der Kappe nach unten senkrecht gehalten. Befüllt mit kleinen Kugeln kann durch gleichmäßiges Rotieren ein anhaltender Ton erzeugt werden. Einen guten Klang erreicht man erfahrungsgemäß mit Holzperlen.

Klingendes Klimpern

Die Boomwhacker werden mit mehreren Essstäbchen oder Metallplättchen befüllt, die zur Befestigung von Sektkorken benützt werden. Wenn man die Boomwhacker waagerecht hält, können sie wie ein Shaker (Schüttelrohr) verwendet werden.
Hält man den Boomwhacker mit einer Hand in der Mitte, sollte man eine Seite mit einer Basskappe verschließen und leicht auf diese Seite neigen. Dadurch wird verhindert, dass Metallplättchen herausfallen.
Alternativ hält man den Boomwhacker mit zwei Händen an den Enden. Durch das Öffnen und Schließen der Finger kann dann zusätzlich die Klangqualität verändert werden.
Anstatt Sektplättchen können auch 1- oder 2-Cent-Münzen verwendet werden.

Phasing Shaker

Der Boomwhacker wird mit einem Egg-Shaker befüllt. An beiden Enden wird der Boomwhacker so gehalten, dass der Klang entweichen und das Egg nicht herausfallen kann. Der Boomwhacker wird schräg vor dem Körper geschüttelt. Dabei rutscht der Egg-Shaker von oben nach unten und verursacht dabei „phasing sounds". Ist der Egg-Shaker unten angekommen, wird dieses Ende des Boomwhackers nach oben gehoben. So lässt sich der Klangeffekt fortwährend erreichen.

 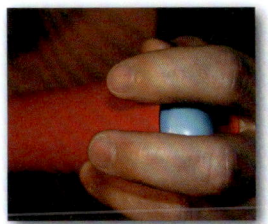 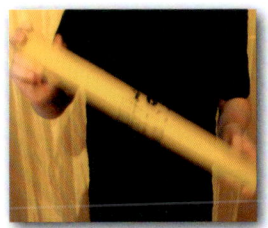

Explorationsspiele

Einführung

Das Ausprobieren der eigenen Möglichkeiten und das Entdecken und Erforschen der Eigenschaften von Gegenständen ist eine natürliche Eigenart des Menschen und Grundlage von Entwicklung und Lernen. Exploration kann sinnfrei oder zielgerichtet erfolgen. Darüber, wie der Mensch mit durch Exploration gemachten Erfahrungen entwicklungspsychologisch umgeht, kann unter „Im Fokus 3" (siehe S. 72) ein kleiner Einblick gewonnen werden.

Das Explorieren des Instrumentariums Boomwhacker ist für jede spielende Person und jede spielende Gruppe ein spannendes und fröhliches Ereignis. Nach unseren Erfahrungen erleben auch Gruppen, die schon öfter mit Boomwhackern gespielt und gearbeitet haben, immer wieder gerne und lustvoll freie, explorierende Arbeits- und Spielphasen. Auch wenn Fähigkeiten schon weit entwickelt wurden, gibt es immer wieder Neues mit Boomwhackern zu entdecken.

Boomwhacker fordern von sich aus zum Ausprobieren auf. Daher sollten immer wieder ausreichende Explorationsphasen eingeplant werden. Vernachlässigt man diesen Aspekt des Instrumentariums, wird während der Arbeitsphasen immer wieder Unruhe durch ablenkendes Ausprobieren aufkommen.

Pädagogen fürchten oft chaotische Zustände in ihren Gruppen. Das Explorieren mit Boomwhackern wird mit Sicherheit chaotische, ungeordnete und lärmende Momente mit sich bringen. Diese können aber mit einfachsten und klaren Regeln in spielerische Abläufe oder schöpferische Prozesse umgestaltet werden. Schon Lilli Friedemann führte aus, dass „... man den lebenswichtigen Trieb von Kindern und Jugendlichen zum Lärmen, Toben, Rangeln, Schreien, Schnattern, und Fabulieren ..." (vgl. Friedemann 1983, S. 8) in einem kreativen Handeln mit Musik und Bewegung aufgreifen kann. Dadurch ermöglicht man allen Beteiligten ein sinnvolles und vitales Erleben in der Gruppe.

Wir sehen die Explorationsspiele als Chance, mit den beteiligten Personen neue Ideen und Spielregeln zu entwickeln. So können Motivation und Verantwortlichkeit für die Spiel- und Lernprozesse gesteigert werden (vgl. „Im Fokus 1", S. 32).

- In den Spielen E1 „Ausprobier-Runde", E2 „Stop and Go" und E3 „Impulsspiel mit Objekten" geht es um das Explorieren von Spielweisen verbunden mit der Spielregel „Führen und Folgen".
- Das rhythmische Anordnen der explorierten Entdeckungen steht im Spiel E4 „Ausprobier-Rondo" im Mittelpunkt.
- Im Spiel E5 „Begrüßungsspiel" wird Explorieren mit einer kontaktstiftenden Aufgabe für Paare verbunden.
- Das Verbinden von Explorationsergebnissen in Kleingruppenarbeit zu kurzen musikalischen Phrasen ist der Inhalt von E6 „Ausprobieren im Team".
- Im Spiel E7 „Röhren-Poker" dienen graphische Kärtchen als Impulsgeber und der folgenden Verabredung zu wiederholbarer Gestaltung.
- Das Aktionslied „Tolles Rohr" (E8) fordert zum spontanen Umsetzen von in der Exploration gewonnen Erfahrungen auf. Dies findet im spannenden Wechsel mit Metrum-Spiel zur Liedbegleitung statt.

E1 Ausprobier-Runde

Alter: 4+
Dauer: >20'

==Entdecken und Ausprobieren unterschiedlicher Spieltechniken==
c', d', e', g', a', c" = pentatonisches Material
für jeden TN 1 Boomwhacker

Alle stehen oder sitzen im Kreis und probieren ca. zwei bis drei Minuten lang verschiedene Spielweisen aus. Freimetrisches oder rhythmisches Spiel ist möglich. Alle Arten des Spielens am Körper, am Boden oder mit Fingern, durch Pusten oder Blasen sind möglich. Wer eine Spielweise entdeckt hat, die ihr/ihm gut gefällt, setzt sich nieder und hält den Boomwhacker im „Pausengriff". Wenn alle sitzen, präsentiert eine Person nach der anderen im Kreis herum seine Entdeckung – alle machen nach. So können verschiedene Spielweisen kennen gelernt und ausprobiert werden.

Variation mit Blickkontakt   6+
Die Reihenfolge der Präsentation kann auch durch Blickkontakt und Zunicken stattfinden.

Tipp 1: Wenn ein Kind nicht vorspielen möchte, dann muss es nur den Kopf schütteln, und das nächste Kind kommt dran.

Tipp 2: Der Pausengriff kann eingeführt werden. Er wird später noch eine wichtige Rolle spielen.

Tipp 3: Die leitende Person kann von der Gruppe nicht entdeckte, wichtige Spieltechniken einbringen.

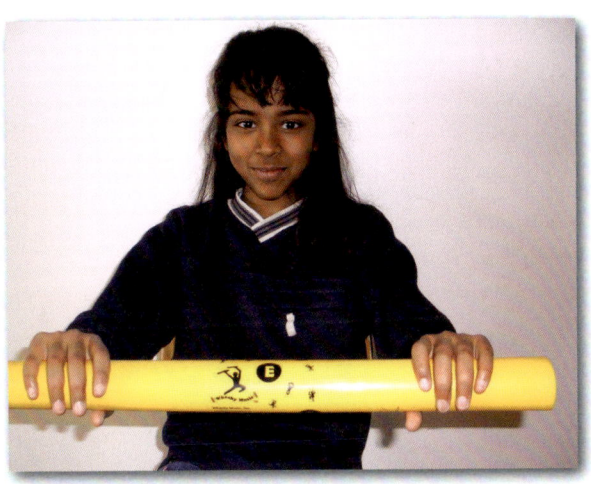

Tipp 4: Eine wichtige Regel einführen – jede/jeder Spielende spielt **nur am eigenen Körper!**
Später können dann auch Abmachungen getroffen werden, die das Einbeziehen anderer Boomwhacker, geeigneter Gegenstände oder Flächen oder von Körperregionen mitspielender Personen möglich machen.

E2 Stop and Go

Alter: 4+
Dauer: >10'

Entdecken und Imitieren unterschiedlicher Spieltechniken

c', d', e', g', a', c" = pentatonisches Material
für jeden TN 1 Boomwhacker

Alle stehen oder sitzen im Kreis oder gehen frei im Raum herum. Dabei probieren sie ca. zwei bis drei Minuten lang verschiedene Spielweisen aus.

Erste Spielphase mit Einführung der Stoppregel

Wer eine Spielweise entdeckt hat, die ihr/ihm gut gefällt, reckt den Boomwhacker im „Pausengriff" hoch in die Luft. Alle Mitspielenden hören auf zu spielen. Wenn die Person ihren „Pausengriff" wieder auflöst, beginnen alle erneut mit dem Explorieren, bis eine andere Person wieder stoppt.

Zweite Spielphase mit Einführung der Imitation

Manchmal passiert es in der ersten Spielphase von selbst, dass alle Mitspielenden nach einer Stoppphase die Spielweise der Person imitieren, die gerade den Pausengriff aufgelöst hat.
Dies kann als neue Regel aufgegriffen werden.
Geschieht dies nicht, wird die neue Regel „Imitation" eingeführt: Die Person, die alle gestoppt hat, darf nun ein gleichmäßiges Metrum oder einen einfachen Rhythmus vorspielen, den dann alle Spielenden imitieren. Wenn alle mitspielen, darf ein anderes Kind mit dem „Pausengriff" wieder alles zum Stillstand bringen und seinerseits nun etwas Neues vorspielen. Alle anderen imitieren wieder.

Tipp 1: Manchmal stoppt ein Kind schon, bevor alle anderen imitieren können
Da kann die Regel helfen, dass einige Zeit, z.B. 10 Sekunden, vergehen muss oder dass mindestens 6 Schritte zur neuen Musik gegangen werden sollen.

Tipp 2: Hilfreich ist die Regel, dass jeder nur einmal stoppen darf.
Oder es erfolgt immer wieder ein Zwischenruf der leitenden Person: „Jetzt darf jemand mit blauen Socken (einem roten T-Shirt, mit schwarzen Hosen, mit blonden Haaren …) stoppen."

E3 Impulsspiel mit Objekten

Alter: 6+
Dauer: >15'

Das Spiel mit Objekten unterstützt die Entwicklung vielfältiger Spielweisen
c', d', e', g', a', c" = pentatonisches Material
für jeden TN 1 Boomwhacker

Mögliche Aufgaben für das Impulsteam:
- Geht auf die Ideen der anderen ein!
- Findet ein gemeinsames Ende!
- Werdet am Ende immer leiser!
-
-

Die Objekte, z.B. Chiffon-Tücher, Luftballons und bunte springende Bälle, haben die gleichen Farben wie die verwendeten Boomwhacker. Der Umgang mit einem Objekt durch die leitende Person gibt über die Bewegungsqualität einen Impuls zur klanglichen Umsetzung, z.B. mit dem roten Chiffontuch werden alle Spielenden mit roten Röhren zum Musizieren eingeladen. Mit den Tüchern können z.B. pulsierende oder wirbelnde Bewegungsimpulse ausgeführt werden. Das Spiel verläuft improvisatorisch, d.h. dass verschiedene Spiel- und Klangarten auf einen Impuls möglich sind.

Impulse können auch von mehreren Personen gegeben werden, z.B. fünf Mitspielende haben je ein Tuch oder einen Ball unterschiedlicher Farbe.

Variation mit Absprachen zur klanglichen Umsetzung 8+

In Kleingruppen machen die „Roten" oder „Gelben" usw. aus, wie sie welche Bewegung und Handhabung des Objektes in Klang umsetzen. So entsteht aus dem Impulsspiel ein Dirigierspiel (siehe Dirigierspiele, ab S. 36).

Tipp: Springbälle können Rebound-Jonglierbälle oder Tennisbälle sein.

Da es fast nie die passenden Farben gibt, kann man sich durch Überziehen des Balles mit Luftballons in entsprechenden Farben helfen.

E4 Ausprobier-Rondo

Alter: 6+
Dauer: >10'

Einbringen der entdeckten Spieltechniken in eine musikalische Form
c', d', e', g', a', c'' = pentatonisches Material
für jeden TN 1 Boomwhacker

Spielform im Anschluss an Ausprobier-Runde (siehe E1, S. 23)

Beim „Ausprobier-Rondo" spielt nun die ganze Gruppe (= Tutti) ein einfaches rhythmisches Muster mit eintaktiger oder zweitaktiger Länge, z.B.:

Das rhythmische Muster wird zweimal gespielt, dann machen alle Pause. Diesen gemeinsamen Teil des Rondos nennt man Ritornell. Nach dem Ritornell darf ein Kind seine Ausprobier-Entdeckung vorspielen. Diesen Teil nennt man Couplet. Dann spielen wieder alle das Ritornell. Am Anfang ist es einfacher, das Couplet freimetrisch zu gestalten.

Variation mit rhythmischem Couplet 8+
Im Couplet wird die jeweils entdeckte Spielart in einem rhythmischen Muster vorgespielt und mit dem „Pausengriff" beendet. Dann imitieren alle das Muster. Je nach Fähigkeit der Gruppe unterstützt die leitende Person bei den Einsätzen, damit sich ein beständiges Spiel im jeweiligen Metrum entwickeln kann.
Danach spielen alle wieder das Ritornell, das nächste Kind folgt.

Variation mit gleichen Phrasenlängen 10+
Im Couplet wird über der gleichen Phrasenlänge wie im Ritornell improvisiert.
Je nach Fähigkeit der Gruppe unterstützt die leitende Person beim Einsatz ins nächste Ritornell, damit sich ein beständiges Spiel über einem Metrum entwickeln kann.

Variation mit mehreren Spielern für das Couplet 10+
Im Couplet spielen zwei Kinder gleichzeitig ihre Muster über einem gemeinsamen Metrum. Dabei kann Kind A beginnen, und Nachbarkind B setzt ein, wenn A sein Muster über dem Metrum gefestigt hat. A beendet wieder mit Pausengriff, dann B genauso. Die leitende Person kann beim Einsatz ins Ritornell helfen.
Später können auch drei oder vier Kinder ein Couplet gemeinsam gestalten. Dies kann auch in Kleingruppen vorbereitet werden (siehe Spiel E6 „Ausprobieren im Team", S. 29).

- Metrum verdeutlichen durch unhörbares Bewegen des Boomwhackers oder gemeinsames Tippen der Füße
-
-

Tipp: Für Gruppen mit jüngeren Kindern empfehlen wir, die Rondoform mit einem Klatsch- oder Bewegungsrondo oder einem Sprechvers vorzubereiten, z.B.:

Michel Widmer

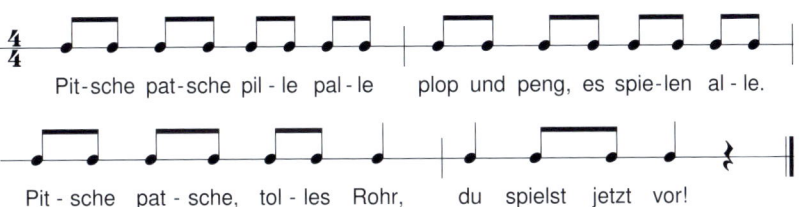

Oder im 3/4-Takt:

Michel Widmer

Hört mal her! Das ist nicht schwer!
Ein tol-les Rohr, wer spielt uns vor?

In der letzten Textphrase kann ein Kind direkt angesprochen werden: An-na spielt vor!

E5 Begrüßungsspiel

Alter: 6+
Dauer: >5'

Kontaktstiftendes Spiel mit improvisatorischen Elementen
c', d', e', g', a', c'' = pentatonisches Material
für jeden TN 1 Boomwhacker

Alle gehen frei im Raum herum. Treffen sich zwei Spielende, können sie stehen bleiben und den anderen mit dem klingenden Spiel ihres Boomwhackers begrüßen. So entsteht ein kleines „Rede- und Antwort-Spiel". Nach der Verabschiedung, z.B. durch Verbeugen mit dem Boomwhacker, sucht man sich ein neues Kind zum Begrüßen. Das Ende kann durch ein akustisches oder optisches Zeichen angezeigt werden (z.B. Beckenschlag oder hoch gehaltener Pausengriff).

Variation mit Ende im Kreis   6+

Die Spielenden bestimmen das Ende selbst. Wer 10 oder mehr Mitspielende (oder alle!) begrüßt hat, stellt sich auf einen Platz in der Kreisbahn. Nach und nach wird der Kreis immer dichter, und die Klänge werden weniger.

Variation mit gemeinsamem Rhythmus   10+

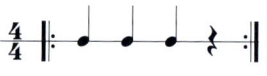

Alle Kinder gehen mit einem gemeinsamen Boomwhacker-Rhythmus frei im Raum herum. Wenn man jemanden trifft, kann man in einen freien Dialog treten (wie oben). Gleichzeitig soll sich nur die Hälfte der Kinder (höchstens 5 Paare) begrüßen. Dadurch rückt die ganze Gruppe in das Blickfeld der Spielenden.
So ist der Grundrhythmus immer hörbar. Beim Spielen kann zwischen den Aktivitäten „begrüßen" und „Grundrhythmus spielen" gewechselt werden.

E6 Ausprobieren im Team

Alter: 8+
Dauer: >30'

Selbständiges Arbeiten mit verschiedenen Spielweisen und Rhythmusmustern in Kleingruppen

c', d', e', g', a', c" = pentatonisches Material
für jeden TN 1 Boomwhacker

Spielform im Anschluss an Ausprobierrunde (siehe E1)

Die Kinder finden sich in Kleingruppen zu je 4 oder 5 Spielern zusammen.

Arbeitsauftrag an die Gruppe

„Macht aus euren Ideen eine rhythmische Schlange!" (erst Spieler A, dann B, dann C usw.)

Verschiedene Gruppenfindungen sind möglich
- jedes Kind mit einer anderen Farbe
- Kinder, die mit ihrem Boomwhacker am Körper gespielt haben
- Kinder, die mit ihrem Boomwhacker am Boden gespielt haben
- Kinder, die partnerbezogene Spielweisen entwickelt haben
-
-

Variation zur rhythmischen Schlange   8+

„Lernt voneinander alle Muster, bestimmt die Reihenfolge und spielt diese gemeinsam als rhythmische Schlange!". Es spielen dann alle Spielenden einer Gruppe gleichzeitig.

Variation – Ostinato-Schichtung   10+

- „Schichtet eure Ideen übereinander zu einem gemeinsamen Metrum!"
- wie oben mit gleichzeitigem Einstieg

Tipp 1: Unterschiedliche Unterstützung für die Kinder
„Setzt nacheinander ein und wartet mit jedem Einsatz, bis ihr euch mit dem Tempo sicher seid!"
„Versucht es mit einem gemeinsamen Wippen der Füße oder Gehen im Metrum!"

Tipp 2: Die Fortbewegung in einer oder mehreren Schlangen kann auch Grundlage einer Choreographie mit verschiedenen Bewegungschören und festgelegten Raumwegen werden. Dazu lassen sich Ideen aus anderen Bewegungsspielen kombinieren (B1-B9, ab S. 94).

E7 Röhren-Poker

Alter: 8+
Dauer: >30'

Verklanglichung graphischer Elemente

c', d', e', g', a', c" = pentatonisches Material
für jeden TN 1 Boomwhacker und für jede Gruppe einen Kartensatz „Impulse"
(siehe Kopiervorlage auf S. 188)

Es werden Kleingruppen (4-6 TN) gebildet, und jede Kleingruppe erhält den gleichen Kartensatz. Die Gruppen erhalten den Auftrag, die Zeichen auf den Karten zu verklanglichen. Es gibt genug Zeit zum Ausprobieren verschiedener Lösungen. Am Ende soll jede Gruppe ihre Verklanglichung mit der jeweils gewählten Reihenfolge der Karten allen Teilnehmern vorstellen.

Variation mit Ratespiel
8+

Ein Ratespiel bildet den Abschluss der Einheit. Die zuhörenden Kleingruppen raten, wie die Reihenfolge der Karten bei der jeweils vorspielenden Gruppe aussieht. Dazu legt jede Gruppe ihren Kartensatz in die vermutete Reihenfolge.

Variation mit zusätzlichen Karten
8+

Um komplexere Formen zu ermöglichen, können einzelne Karten auch mehrfach verwendet werden. Die Kleingruppe holt sich die zusätzlich benötigten Karten bei der leitenden Person.

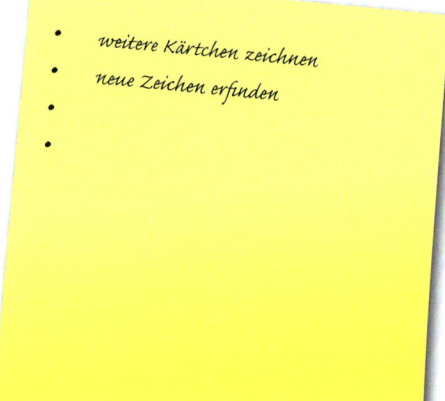

- weitere Kärtchen zeichnen
- neue Zeichen erfinden
-
-

! Tipp: An anderen Stellen im Buch gibt es weitere Spiele, die ebenfalls explorierenden Charakter haben.
Vergleichen Sie bitte:
  · V1 „Eine Erbse geht auf Reisen", S. 77
  · V3 „Boomwhacker-Gewitter", S. 79
  · V4 „Wasserkreislauf", S. 80
  · V5 „Regensinfonie", S. 82
  · B1 „Vulkanausbruch", S. 95

E8 Aktionslied „Tolles Rohr"

Alter: 6+
Dauer: >20'

==Entdecken und Ausprobieren unterschiedlicher Spieltechniken==
a', c', e', g', c"
für jeden TN 1 Boomwhacker

Liedeinführung

Alle stehen oder sitzen im Kreis und singen das Lied. Mit den Boomwhackern kann das Lied im Metrum begleitet werden.

Aktionsteil
Die leitende Person improvisiert melodisch gesungene Aufforderungen zur Aktion, die im Anschluss von den Spielenden umgesetzt werden, z.B.:

- Rot und laut im Galopp
- Gelb und leise, hopp, hopp, hopp
- Grün, dann gelb und grün, dann gelb, los geht's, hopp
- Grün wirbeln, gelb wirbeln, grün wirbeln, gelb wirbeln
- Orange und lila immer lauter, los geht's, hopp
- Superlaut sind rot und lila, werden leiser, werden leiser, leiser, leiser, aus

Variation mit Begleitung   8+
Die Bassstimme hat die Töne c' und a'. Die Diskantstimme besteht aus den Tönen e', g' und c".

Variation mit verschiedenen Begleitrhythmen   10+

In der Diskantstimme (obere Notenzeile, S. 31 unten) entwickeln die Spielenden für ihre Töne verschiedene gemeinsame Begleitrhythmen. Es kann auch jeder Spielende seine eigene rhythmische Begleitung erfinden.

Variation mit neuer melodischer Schlusswendung   10+

Für Kinder ab zehn Jahren schlagen wir eine etwas spannendere melodische Schlusswendung vor:

Im Fokus 1: Warum Kinder auf Boomwhacker fliegen

In der langjährigen Erfahrung mit Klassen und Gruppen stellten wir immer wieder fest, dass Boomwhacker Kinder aufgrund ihrer Form, ihrer Farbe und ihres Klanges ansprechen. Durch die unterschiedlichen Tonhöhen der klingenden Röhren und durch ihre Form und Farbe ergeben sich Anregungen und Herausforderungen an die Spielenden, ihre Erfahrungen zu strukturieren, einzuordnen und Spielabläufe zu üben.

Die Betrachtung des Phänomens Spiel aus entwicklungspsychologischer Sicht kann bei der Beantwortung der eingangs gestellten Frage hilfreich sein.
Piaget, einer der Väter der Entwicklungspsychologie, nennt als Hauptformen des Spiels das Übungs-, das Symbol- und das Regelspiel.
Das Übungs- und das Regelspiel sollen nun etwas genauer betrachtet werden, denn das Musizieren enthält viele Facetten dieser beiden Spielformen.
Dem Übungsspiel liegt der Anreiz des Wechselspiels zwischen dem wahrnehmenden und dem motorischen System (= Sensomotorik) zugrunde. Kinder entdecken, begreifen und üben, auch im musikalischen Spiel. Der Psychologe Rolf Oerter formuliert: „Für alle praktizierenden Musiker ist der sensomotorische Anteil der Musik die Hauptquelle intrinsischer Motivation" (Oerter, 1993, S. 294). Unter intrinsischer Motivation versteht man, dass für den Menschen ein innerer Antrieb entsteht. Dieser wird durch den Umgang mit einer Sache gefördert und findet durch kognitive und emotionale Prozesse im einzelnen

Individuum statt. Oerters Aussage verweist darauf, dass der sensomotorische Anreiz als Triebfeder der Lust am Spielen und Musizieren ein Leben lang bestehen bleibt.

Während beim Übungsspiel der Blick auf die individuelle Entwicklung fällt, tritt beim Regelspiel das soziale Miteinander stärker in das Blickfeld. Oerter erklärt zum Regelspiel: „Der Reiz des Spiels liegt gerade in der Einhaltung von Regeln, die einen gesicherten und doch lustvollen Ablauf der Handlungen gewährleisten" (Oerter, 1993, S. 294).

Diese Gedanken unterstützt auch die Psychologin Jean Ayres, die den Prozess des Einordnens und Verarbeitens von Sinneseindrücken als „sensorische Integration" bezeichnet. Sie beschreibt, wie das sinnvolle Ordnen der sinnlichen Wahrnehmungen und das adäquate Reagieren (z.B. Regeln erkennen und Mitspielen können, Anm. d. Autoren) Wohlbefinden und Befriedigung verschaffen kann. „Spaßhaben ist der Inbegriff für gute sensorische Integration" (vgl. Ayres 1984, S. 9).

Für das musikalische Spiel bedeutet dies, dass klare Regeln einen Spielablauf ermöglichen und Spiellust entstehen lassen. Je mehr Regeln bei musikalischen Spielen zu beachten sind, umso mehr Wissen und Übung braucht es, um weiterhin lustvolle Erlebnisse für die Spielenden zu ermöglichen. Im Umkehrschluss bedeutet dies, dass in der Arbeit mit musikalischen Laien in der Schule sowie im freizeit- und sozialpädagogischen Feld sich die Attraktivität des musikalischen Spiels durch geringes Regelwerk und sich schnell einstellende Freude am Spielgeschehen kennzeichnet.

Kinder entwickeln Spiellust im Umgang mit Boomwhackern durch einfache und klare Spielregeln. Die Spiellust entsteht, weil in vielen Spielabläufen neben dem sozialen Miteinander individualisierende Momente enthalten sind.

Auch wenn Spielen wesentlich Selbstzweck ist, so dient das Spiel doch dem Lernen und der Entwicklung. Der Pädagoge Andreas Flitner wendet sich gegen eine Verzweckung des Spielens für das Lernen. Er führt aus, dass das Kind beim Spielen in erster Linie Spielen lernt. Darüber hinaus gibt es jede Menge anderer wichtiger Fähigkeiten im kognitiven und sozialen Bereich, die beim Spielen mitgelernt werden können. Dadurch wird die Vermehrung des Könnens als Persönlichkeitszuwachs erlebt (vgl. Flitner, 1973 S. 119 ff).

Im musikalischen Spiel, also auch in der Arbeit mit Boomwhackern, kann sich zur kurzzeitig erlebten Spiellust eine langanhaltende Motivation am musikalischen Gegenstand entwickeln, weil das Lernen im Spiel und der Persönlichkeitszuwachs als sinnstiftend und identitätsbildend erfahren werden können.

Die Antwort auf die Frage „Warum fliegen Kinder auf Boomwhacker?" liegt also zum einen bei den Impulsen, die durch die sensomotorischen Erfahrungen ausgelöst werden, die schon von Piaget als die Grundlage der Entwicklung von Intelligenz und logischem Denken bezeichnet werden. Ein handelnder Umgang mit vielen sensomotorischen Erfahrungen verschafft einen leichten Zugang zum Begreifen der musikalischen Spiele und ihrer Regeln. Zum anderen stärkt die Sicherheit im Umgang mit diesen Spielen und den musikalischen und kommunikativen Regeln die Motivation, sich weiter auf die Welt der Musik einzulassen.

Nach unseren Erfahrungen erleben auch Jugendliche und Erwachsene das explorierende und kreative Spiel mit Boomwhackern als lustvoll und anregend.

Dirigierspiele

Einführung

Dirigierspiele sind eine wichtige und schon lange praktizierte Methode in der elementaren Musik- und Tanzerziehung. Sie bieten erste Möglichkeiten, die soziale Komponente von Musik und Bewegung im Spiel kennen zu lernen.

Während beim Dirigieren durch die leitende Person für die Spielenden die Erfahrung als Mitglied in einem „Ensemble" im Vordergrund steht, ergibt sich im weiteren Verlauf die Möglichkeit zum Rollentausch. Dann können die Spielenden als Dirigenten einer Teilgruppe oder der ganzen Gruppe ihre Spielideen und Hörerwartungen einbringen und die Wirkung ihrer Signale und ihrer Körpersprache auf andere erkennen. So können sie spielerisch eigene Bewegungen schärfen oder korrigieren.

Für Spielanfänger und jüngere Kinder eignet sich zu Beginn das Beieinandersitzen in Farbgruppen. Wir nennen dies die „Kuchenaufteilung". Dies vereinfacht den dirigierenden Personen und allen Spielenden die Orientierung im Spielprozess.

- Die Dirigierspiele D1 „Klangteppich dirigieren" und D2 „Wer dirigiert mit?" bewegen sich im vorrhythmischen Bereich. Die folgenden Spiele beinhalten Metrum und Rhythmus (D3, D4, D5, D6, D7).
- Nach ersten Erfahrungen beim Spielen mit einer dirigierenden Person können die Spielenden später selbst Teilgruppen bzw. die ganze Gruppe dirigieren.
- Im Spiel D3 „Dirigieren mit den Füßen" wird auf spielerische Weise Bewegungsbegleitung angebahnt. Von Bewegungsbegleitung spricht man, wenn mit Instrumenten oder der Stimme die Bewegung einer Person oder einer Gruppe entsprechend begleitet wird oder die Bewegung zum Spiel von Instrumenten oder der Stimme ausgeführt wird.
- Im Spiel D4 „Rhythmusteppich dirigieren" tritt der Aspekt „Rhythmus" stärker in den Vordergrund. Dabei wird jeder Tonhöhe ein Rhythmus zugeordnet. In den zusätzlichen „Tipps" werden Spielformen vorgeschlagen, bei denen sich auf spielerische Weise nicht nur die dirigierende Person, sondern auch die Mitspielenden konzentrieren müssen. Neben den musikalischen Zielen dient diese spezielle Spielform der Gruppenbildung.
- Die Rolle des Dirigierenden wird im Spiel D5 „Maschinenmeister" eher als Vorbereiter und Koordinator verstanden. Er organisiert eine Maschine, die zum gesprochenen Rhythmus arbeitet.
- Im Spiel D6 „Morsezeichen" werden die Dirigierimpulse einmal nicht optisch, sondern haptisch gegeben.
- Beim Spiel D7 „Innen und außen" wird mit dem ganzen Körper dirigiert. Dies kann solistisch, im Paar oder in der Kleingruppe geschehen und von der Improvisation bis zum choreographierten Ablauf entwickelt werden.

D1   Klangteppich dirigieren

Alter: 6+
Dauer: >15'

==Zusammenspiel durch Imitation entwickeln==

c', d', e', g', a', c" = pentatonisches Material
je TN 1 Boomwhacker

Alle stehen oder sitzen im Kreis. Vorher gab es ein Explorationsspiel, so dass alle bereits mit den Möglichkeiten des Instrumentariums etwas vertraut sind. Die leitende Person hat je eine Röhre des pentatonischen Sets vor sich liegen und zeigt mit einem Boomwhacker die Spielweise für alle Spielenden der jeweiligen Farbe an (vgl. „Grundlegende Spieltechniken", S. 16).
Mit einem deutlichen Handzeichen (z.B. eine Hand, die eine Rollbewegung ausführt) wird die erste Gruppe nonverbal zum Weiterspielen aufgefordert. Nacheinander erhalten alle Gruppen eine eigene Spielweise. So steigt nach und nach jede Gruppe ins musikalische Geschehen ein. Es entsteht ein pentatonischer Klangteppich für alle und mit allen. Durch Handzeichen und nonverbale Signale (z.B. Anheben oder Senken der Hand = „laut und leise" oder Röhre hinter dem Rücken halten = Pause) wird das Musikstück gestaltet. Viele Variationen und Entdeckungen warten auf die spielende Gruppe. Mit jedem Spiel wächst die Menge an Signalen zur Verständigung.
Dieses Dirigierspiel soll freimetrisch gestaltet werden. Rhythmische Impulse werden ab dem Dirigierspiel D3 hinzukommen.

Variation für jüngere Kinder   4+
Den Tonraum einschränken und mit 2 oder 3 Röhren beginnen.

Variation durch Dirigieren von Teilgruppen   6+
Nun kann die Gruppe in das Dirigieren einbezogen werden. Von jeder Farbgruppe darf sich eine Person als „Dirigent" melden. So können schon 5 oder 6 (wenn das kurze rote Rohr c" mitspielt) Dirigierende ihre Spielweise für ihr jeweiliges Farborchester einbringen. In einem ersten Durchgang kann die leitende Person noch die Reihenfolge bestimmen und auch die Dynamik vorgeben.

D2 Wer dirigiert mit?

Alter: 6+
Dauer: >15'

Verantwortung für das Zusammenspiel fördern

c', d', e', g', a', c'' = pentatonisches Material
je TN 1 Boomwhacker

Die Spielenden haben schon Erfahrungen mit dem Dirigierspiel D1 gemacht.
Alle stehen im Kreis und spielen frei durcheinander. Ein Kind hebt seinen Boomwhacker mit beiden Händen in die Luft, dadurch zeigt es der Gruppe an, dass es dirigieren will (Dirigent 1), und sucht sich per Blickkontakt ein weiteres Kind (Dirigent 2) zum Dirigieren.
Mit Kopfnicken oder Kopfschütteln wird die Wahl bestätigt oder abgelehnt.
Nun stellt Dirigent 1 seine freimetrische Spielweise vor. Alle, die links von ihm stehen (aber nur bis zu dem Spielenden neben dem Dirigenten 2), imitieren die vorgestellte Spielweise. Haben alle die Spielweise aufgenommen, erfindet Dirigent 2 eine andere Spielweise. Alle übrigen Spielenden imitieren das zweite vorgestellte Beispiel.
Nach einiger Zeit des gemeinsamen Spielens (ca. 20 Sekunden oder mehr) darf ein anderes Kind seinen Boomwhacker in die Höhe heben, und eine neue Runde beginnt.
Das Spiel kann freimetrisch oder rhythmisch gestaltet werden (siehe Variation unten).

Variation für mehrere Dirigenten 8+
Es dürfen auch drei oder mehr Dirigenten kooperieren.

Variation – Spiel nach einem rhythmischen Vorbild   8+
Der Beitrag des ersten dirigierenden Kindes soll ein Muster sein. Die weiteren Dirigenten übernehmen das Metrum für ihre Muster.

Variation mit „Kuchenaufteilung"   10+
Die Gruppe sitzt in Kuchenaufteilung. Das Kind, welches den Boomwhacker in die Höhe hält, hat zwei Aufgaben. Erstens sucht es per Blickkontakt ein Kind oder mehrere Kinder aus anderen Farbgruppen zum Mitdirigieren aus. Zweitens werden Farbgruppen ohne Dirigenten vom ersten Kind mit einem deutlichen Handzeichen zum Mitspielen bei der eigenen Farbgruppe eingeladen.

D3   Dirigieren mit den Füßen

Alter: 6+
Dauer: >15'

Rhythmisches Zusammenspiel entwickeln

c', d', e', g', a', c" = pentatonisches Material
je TN 1 Boomwhacker
Kappen, Tücher, Bänder oder T-Shirts in den Farben der im Spiel eingesetzten Boomwhacker

Die Spielenden haben schon Erfahrungen mit dem Dirigierspiel D1 oder D2 gesammelt. Nun sitzen oder stehen alle im Kreis. Die leitende Person und später auch einzelne Kinder bewegen sich im Kreisinneren.
Alle Spielenden sollen die gezeigte Fortbewegungsart mit ihren Boomwhackern zum Klingen bringen.
Unterschiedliche Bewegungsarten werden sehr verschiedene Klangbilder hervorbringen:

- schreiten
- trippeln
- schlurfen
- schleichen
- springen
- marschieren
- rennen
- rückwärts gehen
- gleiten
- hüpfen
- tänzeln

- tapsen
- schlendern
-

Variation mit mehreren „Fuß-Dirigenten"   6+

Es dürfen drei oder mehr Dirigenten kooperieren. Die Kinder erkennen „ihren" Dirigenten an einem deutlich getragenen farbigen Zeichen in der Farbe der Boomwhacker (vgl. Spiel E3, S. 25). Der Beitrag des ersten dirigierenden Kindes soll ein Muster sein. Die weiteren Dirigenten übernehmen das Metrum für ihre Muster.
Eine dirigierende Person kann auch weitere Dirigierende in den Kreis bitten.

 Tipp 1: Farbige Zeichen können sein ...
- T-Shirts
- Kappen
- Tücher

 Tipp 2: Mit einer Trommel oder einer Cowbell kann das Metrum mitgespielt werden.

Variation mit Dirigententausch   6+

Die dirigierenden Personen dürfen zu einer anderen im Kreis sitzenden Person gehen und mit ihr den Platz tauschen. Bei jüngeren Kindern empfiehlt es sich, erst einmal mit 2 oder 3 Kindern im Kreis zu spielen und die Kuchenaufteilung der Farben im Kreis zu beachten.

D4   Rhythmusteppich dirigieren

Alter: 6+
Dauer: >15'

Rhythmisches Zusammenspiel durch Imitation entwickeln
c', d', e', g', a', c" = pentatonisches Material
je TN 1 Boomwhacker

Jede mitspielende Person hat eine Röhre. Alle stehen oder sitzen im Kreis. Spielvoraussetzungen sind Erfahrungen mit Explorationsspielen oder dem Spiel D1. Wie im Spiel D1 hat die leitende Person je eine Röhre des pentatonischen Sets vor sich liegen. Durch das Vorspielen eines Musters gibt die leitende Person allen Spielenden einer Farbe das zu imitierende Beispiel.

Mit einem deutlichen Handzeichen (z.B. mit einer Hand, die eine Rollbewegung ausführt) wird die erste Gruppe zum Weiterspielen aufgefordert. Nacheinander bekommen alle Gruppen ihr Muster vorgeführt. Eine Gruppe nach der anderen steigt imitierend ins musikalische Geschehen ein. So komponiert die leitende Person einen pentatonischen Rhythmusteppich. Durch Handzeichen und nonverbale Signale (vgl. Spiel D1, S. 37) kann die Dynamik oder der Einsatz bzw. das Pausieren verschiedener Gruppen beeinflusst werden.

Variation mit eingeschränktem Tonraum   6+

Für unerfahrene Kinder kann zu Beginn der Tonraum auf 3 Farben eingeschränkt werden.

Variation für ein Dirigieren von Kleingruppen   8+

Nun kann die Gruppe in das Dirigieren einbezogen werden. Von jeder Farbgruppe darf sich eine Person als „Dirigent" melden. So können schon 5 oder 6 (je nachdem, ob das kurze c" eine eigene Stimme bekommt oder nicht) Dirigierende ihr Muster für ihr jeweiliges Farborchester einbringen. Beachte: Vor dem Hinzunehmen eines neuen Musters sollen sich die bereits klingenden Muster rhythmisch gut verwoben haben (Vorstellungshilfe: einen Rhythmusteppich weben).

Die Dirigierenden bestimmen durch ihr eigenes Vorspielverhalten die Spielweise ihrer Orchestergruppe, z.B. in Bezug auf Dynamik oder Pausen.

Variation „Dirigentenwahl" 8+

Die „Dirigenten" einigen sich auf eine Reihenfolge, oder ein „Dirigent" fängt an und lädt mit Augenkontakt und Zunicken den nächsten „Dirigenten" ein.

Variation mit Bewegung 8+

Eine neue Regel kann auch sein, dass im Stehen gespielt wird und die „erfindenden Personen" ihr rhythmisches Spiel mit Bewegungen oder Schrittfolgen erweitern. So kann choreographisches Material gesammelt werden, das später zu einer Performance gestaltet werden kann.

! Tipp 1: Neue Regeln können sich entwickeln. Die Spielenden bringen oft frische Impulse ins Spiel, die dann zu neuen Regeln werden können (z.B. das dirigierende Kind oder jedes Gruppenmitglied darf einmal das Muster verändern).

! Tipp 2: Absichtliche Störungen können auch zum Spielimpuls werden (vgl. Spiel R15 „Spielverberspiel", S. 68).

! Tipp 3: Bei jüngeren Spielenden oder bei sehr komplexen Rhythmen können alle Spielenden einer Farbe beieinander sitzen = Kuchenaufteilung.

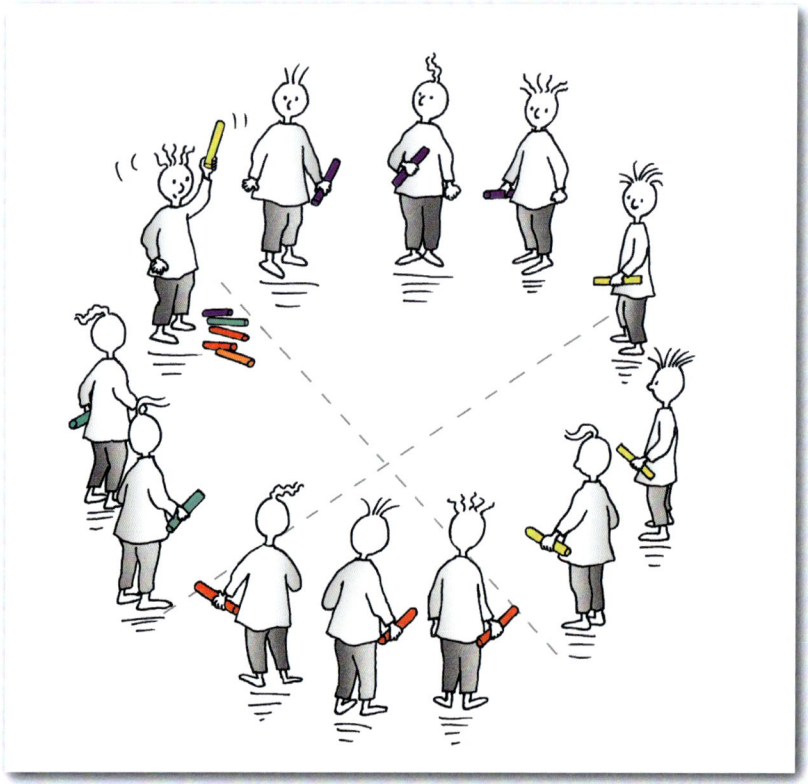

D5 Maschinenmeister

Alter: 8+
Dauer: >15'

==Zu Wortrhythmen passende Bewegungen finden==

c', d', e', g', a', c" = pentatonisches Material
je TN 1 Boomwhacker

Alle lernen beispielhaft einige Maschinenwörter kennen:

- im 4/4-Takt: „Patschmaschine"
- im 4/4-Takt: „Klacker, Klimper, Klapperkiste"
- im 3/4-Takt: „Einschalten" oder „Druckpresse" oder „Notausgang"
- im 6/8-Takt: „Klimper Klapperkiste"
- im 5/4-Takt: „Traktorgeknatter" oder „Straßenbaustelle"
- im 5/4-Takt: „Bananensplitportioniermaschine"
- im 13/8-Takt: „Rippeldi rappeldi klopf, im Riesenschnellkochtopf"

Die Spielenden sprechen die Wörter im Rhythmus. Anschließend begleiten sie mit ihren Boomwhackern den gesprochenen Wortrhythmus.

Um die Arbeit in den Kleingruppen vorzubereiten, wird nun versucht, mit verteilten Wort-Bausteinen zu spielen, z.B.:

Klacker **Klimper** Klapper kiste

oder:
Bananen **split** portionier maschine

oder:
Rippeldi **rappeldi** klopf, im Riesen **schnellkoch** topf

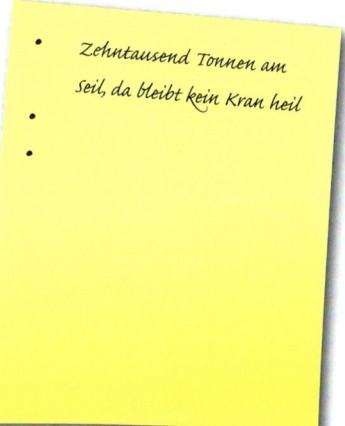

- Zehntausend Tonnen am Seil, da bleibt kein Kran heil
-
-

Die Spielenden teilen sich in Kleingruppen mit 4-6 Personen ein. Jede Gruppe hat einen Maschinenmeister und erhält von der leitenden Person ein Maschinenwort oder einen Satz bzw. erfindet diese selbst. Der Maschinenmeister verteilt nun die rhythmischen Wort-Bausteine auf die einzelnen Spielenden. Im weiteren Verlauf können zu den Maschinenwörtern passende Bewegungen kreiert werden.

Zum Abschluss werden die Maschinen gegenseitig vorgeführt. Lassen sich auch zwei oder mehrere Maschinen nacheinander oder gleichzeitig kombinieren?
So kann auch ein sich ständig steigerndes Maschinenkonzert entstehen.

D6 Morsezeichen

Alter: 8+
Dauer: >15'

==Getupfte Morsezeichen in Rhythmus umsetzen==

c', d', e', g', a', c'' = pentatonisches Material
je TN 1 Boomwhacker

Die Spielenden sitzen im Kreis mit dem Gesicht nach außen. Eine dirigierende Person in der Mitte des Kreises wählt sich jemanden aus und tupft mit den Händen einen Rhythmus sanft auf Rücken oder Schulter. Das Muster wird von dieser Person übernommen und mit dem Boomwhacker gespielt. Ist der Rhythmus stabil, wird ein neuer Rhythmus auf eine nächste Person getupft. Nach und nach entsteht so ein Rhythmusteppich.

Zusätzlich zu den Rhythmen wurden Zeichen vereinbart, z.B.:

- mit einem Finger auf der Wirbelsäule abwärts streichen für „leiser werden"
- mit einem Finger auf der Wirbelsäule aufwärts streichen für „lauter werden"

- die Hand auf den Kopf auflegen bedeutet „Pause" bis zum abermaligen Handauflegen
- bei langen Notenwerten den Morsefinger am Körper liegen lassen
-
-

Variation für erfahrene Gruppen   10+

Statt eines Rhythmus wird den Spielenden ein kurzer Spruch ins Ohr geflüstert, dessen Rhythmus umgesetzt wird.

Variation mit mehreren Dirigenten   10+

Es befinden sich mehrere Dirigenten innerhalb des Kreises. Diese achten bei ihren Rhythmen auf das Metrum, das mit dem ersten Rhythmus vorgegeben wurde.

Tipp: Zur Unterstützung der dirigierenden Personen kann auch ein „Trommler" (Boomwhacker auf Plastikeimer oder Bassboomwhacker als Stampfrohr) das Metrum spielen.

D7 Innen und außen

Alter: 8+
Dauer: >15'

Erfahrungen mit Bewegungsbegleitung (siehe Glossar, S. 179)
c', d', e', g', a', c" = pentatonisches Material
je TN 1 Boomwhacker

Alle stehen oder sitzen im Kreis. Eine Person befindet sich in der Kreismitte und dirigiert die Gruppe durch Bewegungen mit dem ganzen Körper.

Zum Einstieg in dieses Dirigierspiel eignen sich kontrastierende Bewegungen, die die Gruppe zu einer improvisierten Bewegungsbegleitung anregen. Im Spiel mit Kindern ist auf konkrete und anschauliche Bilder zu achten. Bei Erwachsenen können auch abstrakte Gegensatzpaare gewählt werden.

Beispiele für Bewegungen:

- groß wie ein Riese und klein wie ein Zwerg
- langsam wie eine Schnecke und schnell wie eine Maus
- abgehackt wie ein Roboter und fließend wie ein Fisch im Wasser
- wild wie ein wütender Löwe und sanft wie ein Küken
- einfach und kompliziert
- weit und eng

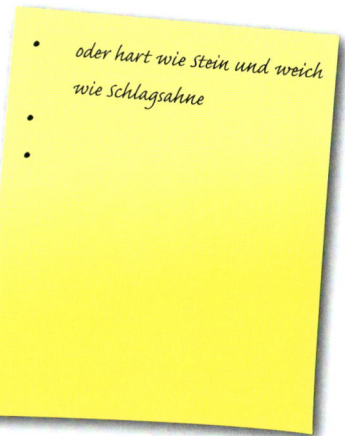

- oder hart wie Stein und weich wie Schlagsahne
-
-

Die ganze Gruppe reagiert mit ihren Boomwhackern auf die dirigierende Person.
Es kann aber auch nur jeweils die Hälfte der Gruppe auf je einen Begriff des dargestellten Gegensatzpaares reagieren. So wird ein interessantes Pingpong-Spiel mit Klängen entstehen.

Tipp 1: Den Gruppen werden unterschiedliche Farben zugeordnet.

Tipp 2: Dynamische Variationen lassen sich zum Beispiel mit einer zusätzlichen Regel erzielen. Je näher die Person in der Mitte auf die Spielenden zugeht, desto leiser oder lauter wird das Geschehen.

Variation mit zwei dirigierenden Personen   8+

Das Spiel kann auch mit zwei dirigierenden Personen gespielt werden. Die beiden teilen sich dann das Gegensatzpaar auf.

Variation mit Dirigier-Teams 10+

Zwei oder mehr Personen bereiten in einer Kleingruppe die Dirigieraufgabe gemeinsam vor. Sie bringen ihre musikalischen Ideen (auch ganz unabhängig von den oben aufgeführten Gegensatzpaaren) durch ihre Bewegungen ein.
Ideen für die Teams:

- Maschinen
- Gewitter
- Disco
- Verkehr
- Elefantenherde

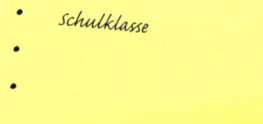

- Schulklasse
-
-

Impulse zur Weiterentwicklung

Es könnte auch für jede Farbe im Kreis eine dirigierende Person mit einer entsprechenden Farbe (vgl. D4, S. 41) gekennzeichnet sein.
Die Bewegungen der Personen in der Mitte werden durch Bewegungsbegleitung vertont. Es gibt aber auch ein paar Abmachungen für besondere Momente:

- die dirigierenden Personen stellen sich in der Mitte in einer Reihe auf = es wird eine Tonfolge in der Reihenfolge der Aufstellung gespielt
- die dirigierenden Personen treffen sich, einander eng umkreisend, in der Mitte = es wird mit den Tönen improvisiert

Je nach Ausgestaltung und Ziel könnte dieses Spiel auch den Bereichen „Verklanglichungen" oder „Spiele mit Bewegung" zugeordnet werden.

- am Boden sitzen bedeutet „Pause"
-
-

Im Fokus 2: Boomwhacker – mit vielen Sinnen

In einer Zeit, in der durch veränderte Kindheit und veränderte Medienwirklichkeit das Schwinden der Sinne beklagt wird, bietet die Musikpädagogik große Chancen für kreative Impulse zur Entwicklung der Sinne.
Beim Gebrauch elektronischer Medien tritt ein Mangel an Reizen für bestimmte Sinne auf. So werden beim Fernsehschauen oder Musikhören der visuelle und der akustische Sinn intensiv angesprochen, aber der taktile und der vestibuläre (= Sinn für Gleichgewicht und räumliche Orientierung) ebenso wie der kinästhetische Sinn (= Sinn für die Wahrnehmung des Raum-Kraft-Zeit-Spannungsverhältnisses der eigenen Bewegungen) werden vernachlässigt. Insgesamt kennzeichnet unsere Gesellschaft eine Zunahme von

Sekundärerfahrungen, d.h. über Medien vermittelte Erfahrungen aus zweiter Hand werden immer häufiger. Gleichzeitig nehmen Primärerfahrungen ab. Dies sind Erfahrungen aus „echten" Begegnungen mit vielfältigen Reizen und damit verbundener Ansprache vieler Sinne.

Boomwhacker sprechen sowohl das Auditive, das Visuelle, den taktilen Sinn und in Verbindung mit Bewegung auch den vestibulären und kinästhetischen Sinn an. Schauen wir uns dazu einmal näher das „Spielverderberspiel" an (R15, siehe S. 68). Dabei sollen eine oder mehrere Personen die einzelnen Mitglieder einer Gruppe während einer Patternschichtung stören. Die Gruppenspieler sollen bei diesem Spiel ihr Boomwhacker-Ostinato möglichst lange halten können. Dabei hilft sich jeder Spieler unterschiedlich, z.B. durch das „innere" Hören oder das „innere" Sehen seiner Stimme. Diese unterschiedliche persönliche Betonung verschiedener Sinne hat Auswirkungen auf die Wahrnehmung. So fördert die visuelle Wahrnehmung hauptsächlich den Überblick über eine Situation, während sich die auditive Wahrnehmung vektoriell ausrichtet, d.h. tendenziell eher Ausschnitte erfasst. Der Psychologe Wolfgang Welsch beschreibt die Wahrnehmung über verschiedene Sinne als einen einflussreichen Faktor in der jeweiligen Art zu Denken (vgl. Welsch, 1995, S. 32).

Neben der individuellen Art zu denken unterscheiden sich Menschen auch in ihrer Art zu lernen. Frederic Vester bezeichnet Lerntypen fast ausschließlich über den sinnlichen Zugang des Lernenden (vgl. Vester, 1975).
Zur wichtigen Bedeutung der intensiven Ansprache der Sinne beim Lernen stellen die Pädagogin Jutta Jäger und der Pädagoge Ralf Kuckhermann fest, dass es mit Hilfe ästhetischer Medien möglich ist, „die eigenen Sinne zu schärfen und damit das bisherige Bild der Welt zu verfeinern, bisher nicht Gesehenes zu entdecken und neu zu sehen." Im Weiteren führen sie aus, dass eine bewusste und differenzierte Realitätswahrnehmung „eine zentrale Rolle beim Übergang vom Erleben zur Bildung von Erfahrungen und damit zum Kern dessen, was Lernen ausmacht", einnimmt (vgl. Jäger/Kuckhermann 2004, S. 33). Daher ist es wichtig, dass in der allgemeinen Pädagogik, besonders aber in der Musikpädagogik, durch oft wechselnde Methoden verschiedene sinnliche Zugänge für unterschiedliche Lerntypen ermöglicht werden.

Für Ihre weiteren persönlichen Ideen und Notizen:

Rhythmusspiele

Einführung

Rhythmus ist das naturgegebene, ordnende Prinzip von Zeit und Raum und lässt uns das Wechselspiel von Spannung und Entspannung erleben. Rhythmen selbst zu spielen und zu entwickeln ist ein stimulierendes Erlebnis, da das Zusammenwirken von Bewegung und Klang als Einheit von akustischem Reiz und taktilem Kontakt mit dem eigenen Körper intensiv erfahren wird.

Im rhythmischen Spiel kommt zum Spaß aber auch die Koordination und Kommunikation mit Mitspielenden dazu. So lässt sich eine differenzierte Wahrnehmung für sich, für andere und für die musikalische Situation entwickeln. In allen Spielen wird das Horchen auf die anderen gefördert, denn dies ermöglicht den Spielenden erst rhythmische Strukturen und Beziehungen zu erkennen und damit eine Grundlage für eigene rhythmische Kreationen zu schaffen.

Rhythmisches Spiel über einen längeren Zeitraum, z.B. 10 Minuten, sollte mit dynamischen Unterschieden, Erneuerung und Wiederholung einhergehen, damit es nicht langweilig wird.

So können die Spielenden in eine gemeinsame Schwingung kommen und bauen oftmals eine positive gemeinsame Energie auf, die sich in freudiger Erregung und hoher Motivation ausdrücken kann.

In allen nachfolgenden Spielen stecken Anforderungen zur Bildung von Temposicherheit, zur Sicherheit im Umgang mit Phrasenlängen und zur eigenständigen Entwicklung von rhythmischen Ideen und Mustern.

- Die Spiele R1 „La Ola – die Welle", R2 „Boomwhacker verschenken", R3 „Mit Rhythmusbausteinen spielen" und R4 „Abzählverse vertonen" fördern den sicheren Umgang mit verschiedenen Notenwerten.
- Viele Anlässe und Anregungen zum Improvisieren gibt es ab dem Spiel R5 „Echospiel".
- Das Spiel R6 „Herzschlag" verbindet Improvisation zum Metrum-Spiel mit einem kleinen Tanzspiel.
- Ab dem Spiel R7 „Buschtelefon" kommt auch das Prinzip „Frage und Antwort" ins Spiel.
- Muster entwickeln, nachspielen und unterscheiden können sind die verbindenden Elemente der Spiele R8 „Taxi fahren", R9 „Rhythmus-Rudel" und R10 „Rhythmus-Rudel unterwegs".
- In den Spielen R11 „Ja oder Nein!" und R12 „Du darfst!" wird die Eigeninitiative der Spielenden gefördert, indem entweder Rhythmen übernommen oder neue kreiert werden.
- Beim Spiel R13 „Groove & Fills" werden in Kleingruppen Rhythmen über einer bestimmten Phrasenlänge entwickelt und geschichtet und variationsreiche Abschlüsse (= Fills) im vierten und letzten Takt der Phrase kreiert.
- Dunkel muss es sein, um R14 „Rhythmusleuchten" spielen zu können. Rhythmen werden in der Kombination von Taschenlampen und Boomhackern nicht nur hör-, sondern auch sichtbar.

- Mit R15 „Spielverderberspiel" lassen sich Störungen von einzelnen Gruppenmitgliedern aufgreifen und in ein Spiel mit interessanten „Stör-Regeln" verwandeln.
- Latinrhythmen werden im Spiel R16 „Boomwacker-Samba" mit den bunten Röhren gestaltet und heiße Samba-Breaks entwickelt.

R1 La Ola – die Welle

Alter: 4+
Dauer: >5'

Spiel mit dem Metrum

c', d', e', g', a', c" = pentatonisches Material
je TN 1 Boomwhacker

Die Spielenden stehen oder sitzen mit je einem Boomwhacker im Kreis. Die leitende Person schickt einen klingenden Impuls in eine Richtung. Der Reihe nach spielt jedes Kind in möglichst gleichmäßigem Metrum den Impuls mit seinem Boomwhacker. Der Impuls läuft wie eine Welle durch den Kreis. Bei diesem Spiel bestimmt die zweite spielende Person durch langsames oder schnelles Einsetzen das Tempo des Metrums.

Variation mit Richtungsänderung   6+
Einem Doppelschlag mit dem Boomwhacker folgt eine Richtungsänderung.

Variation mit mehreren Impulsen   8+
Es werden zwei oder mehr Impulse in die gleiche Richtung geschickt. Schwieriger wird es über einem gemeinsamen Metrum.

Variation mit Tönen, die sich jagen   8+
Eine Person schickt einen Ton los. Die Person gegenüber schickt dann so schnell wie möglich auch einen Ton los. Nun sollen alle möglichst schnell spielen, damit einer der Töne eingeholt werden kann.

Variation mit rhythmischen Motiven   8+
Statt eines Impulses oder mehrerer Impulse werden kleine rhythmische Motive geschickt.

Variation mit Tempoänderungen   10+
Änderungen des Tempos sind erwünscht. Jeder Spielende darf das Tempo sachte verlangsamen oder beschleunigen.

Tipp: Die Erfahrung eines gemeinsamen Gehens mit und ohne Temposchwankungen kann eine hilfreiche Vorübung sein.

R2 Boomwhacker verschenken

Alter: 4+
Dauer: >5'

Spiel zur Stabilisierung des Metrums
c', d', e', g', a', c'' = pentatonisches Material
je TN 1 Boomwhacker

Die Spielenden stehen oder sitzen im Kreis mit je einem Boomwhacker in der rechten Hand. In einem gemeinsamen, gemütlichen Tempo wird von allen ein Rhythmus mit Pause gespielt. Je nach Fähigkeiten der Gruppe können z.B. folgende Rhythmen verwendet werden:

Während der halben Pause wird der Boomwhacker mit der rechten Hand in die linke Hand des rechten Nachbarn weitergegeben. Die Boomwhacker wandern so durch den Kreis. Ist der Ablauf klar, kann das Tempo erhöht werden.

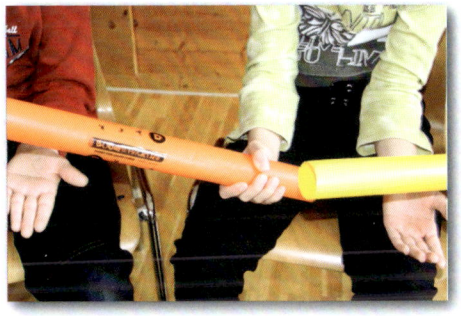

Der gerade empfangene Boomwhacker muss dann von der rechten Hand ergriffen werden, damit er dann weitergegeben werden kann. Nachdem der Boomwhacker vom Nachbarn empfangen wurde, wiederholt sich diese Ablauf. Alle Aktionen klingen. Als Steigerung können in geübten Gruppen diese beiden Klänge bewusst in ein rhythmisches Muster integriert werden.

Tipp 1: Mit diesem Spiel kann der von den Kindern oft gewünschte Wechsel ihres Boomwhackers gestaltet werden. Wechselmöglichkeiten mit oder ohne Rhythmus sind:

Tipp 2: Zwischen dem Weitergeben kann man den Boomwhacker auch einmal oder dreimal in die linke Hand spielen. So kann man einen 3/4-Takt oder 5/4-Takt zum Klingen bringen und diese Taktarten auch körperlich intensiv spüren.

- Zuwerfen
- Wechselpartner über „Fernrohr" finden (vgl. Z1, S. 164)
- Zurollen
-
-

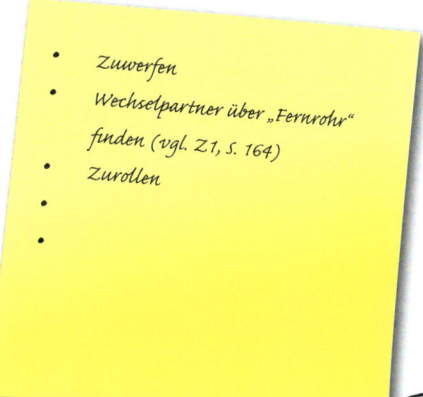

R3 Mit Rhythmusbausteinen spielen

Alter: 4+
Dauer: >15'

Erkennen und Imitieren von rhythmischen Motiven
c', d', e', g', a', c" = pentatonisches Material
je TN 1 Boomwhacker
Kartensatz „Rhythmusbausteine" (siehe Kopiervorlage auf S. 189)

Alle sitzen im Kreis und schauen sich Kärtchen an, die in der Mitte aufgedeckt liegen. Auf den Kärtchen sind Tiere zu sehen, z.B. Kuh, Nilpferd, Elefant, Klapperschlange. Die Kinder dürfen sich je ein Kärtchen aussuchen, und dann wird alleine und gemeinsam versucht, die Silbenanzahl des Tiernamens zu klatschen und mit Boomwhacker zu spielen.

Variation mit Rhythmusketten   6+
Durch Nebeneinanderlegen von zwei oder drei Kärtchen entstehen Rhythmusketten, die im Tutti mit allen Boomwhackern oder zur Abwechslung nacheinander mit verschiedenfarbigen Boomwhackern vertont werden.

Variation mit Kleingruppenbildung   6+

Alle Spielenden ziehen verdeckt je eine Spielkarte. Entsprechend der Silbenzahl des abgebildeten Tieres wird dieser Rhythmus mit dem Boomwhacker gespielt.

Alle gehen nun spielend im Raum herum und suchen die Spielenden, die denselben Rhythmus anschlagen. Das Spiel ist zu Ende, wenn alle bei ihrer jeweiligen Kleingruppe angekommen sind. Einzelne, noch herumirrende Suchende werden von der Kleingruppe abgeholt.

Nun lassen sich verschiedene Ostinato-Schichtungen mit zwei, drei oder allen Kleingruppen durchführen.

R4 Abzählverse vertonen

Alter: 4+
Dauer: >15'

Erkennen und Imitieren von rhythmischen Motiven, mit Tonhöhen gestalten

c', d', e', g', a', c'' = pentatonisches Material
je TN 1 Boomwhacker

Der folgende Vers wird in seinem Sprachrhythmus mit Boomwhackern vertont. Dazu wird jede Zeile gesprochen und im Boomwhacker-Spiel als Tutti wiederholt.
Darauf aufbauend lassen sich verschiedene Gestaltungsmöglichkeiten ausprobieren:

- 1. Zeilenhälfte sprechen und mit Boomwhackern beantworten
- 1. Zeilenhälfte im Solo und 2. Zeilenhälfte im Tutti spielen
- Je eine Zeilenhälfte mit hohen oder tiefen Boomwhackern spielen
- Tonhöhen auf Worte oder Zeilenabschnitte verteilen

- dynamische Unterschiede machen und Tempo verändern
-
-

Tradierte Abzählverse:

Eins, zwei,	Polizei,
drei, vier,	Ungetier,
fünf, sechs,	alte Hex',
sieben, acht,	gib nur Acht,
neun, zehn,	du musst gehn!

Ene mene miste,   es rappelt in der Kiste
Ene mene meck,   und du bist weg!

Für ältere Kinder:

Marsch im Zweiklang

Wilhelm Keller

zweiertakt	geier kakt
vor-wärts, ein	mohr – hörts
rechts links	schlecht klingts
messer wetz	besser getz
mach net schlapp	lach net, lapp!
drei vier	freibier
vor-marsch	vorm arsch

Aus: Wilhelm Keller, Ludi musici 3, Sprachspiele, Fidula (Best.-Nr. 103), S. 40

Spielregel des Autors: zu rhythmisieren im volltaktig phrasierten Zweitakt.
Von uns für zwei Gruppen angeordnet.

Herzfünfer

Wilhelm Keller

bartolomäus,
tanz mit mir fünfer
tanz den herzfünfer
tanz ihn mit mir!
willst du nicht tanzen
bartolomäus
mit mir den fünfer
tanz ich den fünfer
mit amadeus
der tanzt mit mir!

Aus: Wilhelm Keller, Ludi musici 3, Sprachspiele, Fidula (Best.-Nr. 103), S. 41

R5 Echospiel

Alter: 6+
Dauer: >5'

Imitieren von rhythmischen Motiven

c', d', e', g', a', c" = pentatonisches
oder gezielt ausgewähltes Material, z.B. ein Akkord
je TN 1 Boomwhacker

Die leitende Person spielt mit ihrem Boomwhacker ein rhythmisches Motiv vor. Die Spielenden versuchen, das Motiv im metrischen Fluss zu wiederholen. Das Beispiel wird solange im Wechsel von leitender Person und Spielenden wiederholt, bis es fehlerfrei nachgespielt wird.

Durch vielfache Varianten kann das Echospiel schwieriger oder immer wieder neu gestaltet werden. Einige Variationen wollen wir vorstellen:

Variation mit Bewegung   8+
Alle Personen gehen zum Metrum frei im Raum. Gleichzeitig werden wie oben Motive und ihr Echo gespielt.

Variation mit geschlossenen Augen   8+
Alle Spielenden stehen oder gehen wie in der 1. Variation beschrieben zum Metrum frei im Raum und schließen während des Echospieles die Augen.

Variation mit wechselnder Führung   8+
Die Spielenden stehen im Kreis. Während ein Motiv vorgestellt wird, tritt eine spielende Person in die Mitte zur leitenden Person, und diese tauschen nach der Imitation die Rollen. Die neue leitende Person stellt so lange neue Motive vor, bis sie abgelöst wird.

Variation mit großer Phrasenlänge   10+
Längere Rhythmen werden zuerst in Teilen vorgespielt und imitiert. Erst dann setzt die leitende Person die Fragmente zu einer längeren Folge zusammen.

Variation mit 2 Boomwhackern pro Kind   12+
Um diese Variation durchführen zu können, sind doppelt so viele Boomwhacker wie Mitspielende nötig. Mit sechs pentatonischen Sets können 18 Personen mitspielen. Wenn die vorhandenen pentatonischen Boomwhacker nicht ausreichen, kann mit den Tönen f und h das Spiel einer größeren Gruppe ermöglicht werden. Dann empfiehlt es sich, mit zwei Harmonien zu spielen: Die Spielenden haben in der rechten Hand einen Boomwhacker der einen Harmonie und in der linken Hand einen der anderen Harmonie (vgl. Ha9 „Harmoniebaukasten", 1. Beispiel C^{maj7} – Dm^7, S. 158).

Tipp: Bei dieser Variation empfiehlt sich anfangs eine frontale Aufstellung oder eine Aufstellung im Halbkreis. Die leitende Person hält dann die Boomwhacker der zwei Harmonien spiegelverkehrt. Die Spielenden können so das Motiv leichter abnehmen.

Variation mit schnellen und fließenden Wechseln   12+

Diese Spielform ist eine Herausforderung für erfahrene Gruppen, bei der das Prinzip des Echospiels mit fortlaufender Imitation erweitert wird. Alle Spielenden haben einen Boomwhacker mit Tönen aus der pentatonischen Reihe. Die leitende Person spielt ein Ostinato. Alle spielen es wiederholend mit. Während das Ostinato erklingt, kreiert die leitende Person ein neues Ostinato. Die Spielenden versuchen ohne eine Unterbrechung ihres Spiels in das neue Ostinato einzusteigen. Hat sich das neue Ostinato stabilisiert, wird es erneut verändert. Die Teilnehmenden werden unterschiedlich schnell das neue Ostinato aufgreifen. Mit jeder Person, die mitspielen kann, wird die neue rhythmische Struktur deutlicher. Dadurch erleichtert sich zunehmend das Einklinken.

Tipp: Um das Erkennen des neuen Motivs zu erleichtern, spielt die leitende Person eine nur einmal vorkommende Tonhöhe, die sich deutlich abhebt, z.B. lässt eine Basskappe den Boomwhacker in einem anderen Register erklingen.

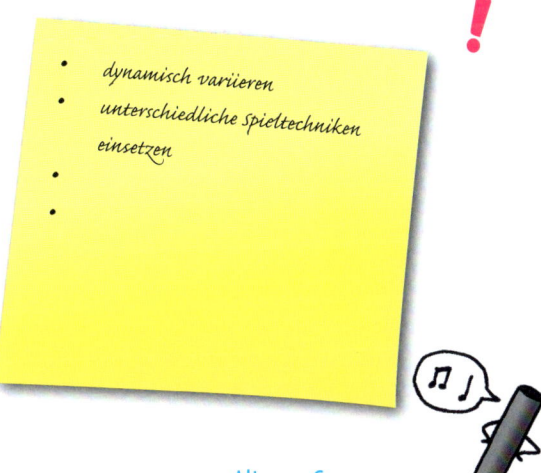

- dynamisch variieren
- unterschiedliche spieltechniken einsetzen
-
-

R6 Herzschlag

Alter: 6+
Dauer: >15'

Metrum stabilisieren und über dem Metrum improvisieren

c̲', d̲', e̲', g̲', a̲', c', d', e', g', a', c" + evtl. pentatonische Bassboomwhacker mit Basskappe (c̲, d̲, e̲, g̲, a̲)
Spiel und erste Variation nur mit wenigen Boomwhackern
für zweite Variation je TN 1 Boomwhacker

Einführung des Spielprinzips:
In der Mitte liegt ein Teppich mit einigen wenigen Boomwhackern. Eine Person gibt mit ein oder zwei Boomwhackern ein Metrum vor. Boomwhacker der Lage c' bis c" mit oder ohne Basskappe werden von ihr mit der Technik „Boden-Rimshot" (siehe „Grundlegende Spieltechniken", S. 16) auf dem Teppich gespielt. Alternativ können auch Bassboomwhacker mit Basskappe als Stampfrohr eingesetzt werden.
Alle anderen Spielenden bewegen sich zum Metrum, den Teppich umkreisend, ohne Boomwhacker frei im Raum. Eine Person begibt sich zur Mitte, um die Person auf dem Teppich abzulösen. Dabei soll das Metrumspiel ohne Pause oder Tempoänderung übernommen und fortgesetzt werden. Eine Person nach der anderen löst in zunehmend schnellerer Folge die Person in der Mitte ab.

Variation mit mehreren Personen in der Mitte   8+
In der Mitte befinden sich drei Personen. Nur eine spielt das Metrum, die anderen zwei improvisieren über dem gemeinsamen Metrum. Alle anderen Spielenden bewegen sich zum Metrum, den Teppich umkreisend, frei im Raum. Wenn eine neue Person in die Mitte kommt und sich in das rhythmische Spiel einklinkt, verlässt eine andere Person die Mitte.

Variation – gestalteter Ablauf mit Boomwhacker-Außenkreis   10+
Ausgangssituation:
- Teppich in der Mitte mit einigen Bassboomwhackern zum Stampfen
- Tanzzone um den Teppich herum
- Außenkreis, mit Boomwhackern ohne Basskappe am Boden ausgelegt

Ablauf:
Wie in der Variation zuvor agieren drei Spielende in der Mitte. Die anderen bewegen sich in der Tanzzone. Im Boomwhacker-Außenkreis befindet sich im Moment noch niemand. Die Personen aus der Tanzzone lösen wieder nacheinander die Spielenden in der Mitte ab. Die freigewordenen Personen aus der Mitte bewegen sich durch die Tanzzone zum Boomwhacker-Außenkreis. Dort improvisieren sie rhythmisch über dem bestehenden Metrum. Im Verlauf des Spieles bewegen sich somit alle Personen aus der Tanzzone über die Mitte zum Außenkreis. Wenn keine Person mehr tanzt, sondern alle in der Mitte oder im Außenkreis spielen, wird das Ende durch die Metrum spielende Person in der Mitte gestaltet und angezeigt, z.B. durch klingenden Wurf, Fade Out, mit Fußbodenwirbel, ...

 Tipp: Wenn keine Bassboomwhacker vorhanden sind, können sie durch Boomwhacker mit Basskappen ersetzt werden.

R7 Buschtelefon

Alter: 8+
Dauer: >15'

„Call and Response" mit rhythmischen Motiven
c', d', e', g', a', c" = pentatonisches Material
je TN 1 Boomwhacker, 1 TN ohne Boomwhacker

Die Gruppe steht verteilt im Raum. Wie früher in Afrika wird in diesem Spiel mit dem „Buschtelefon" kommuniziert. Alle Spielenden bestimmen – jeder und jede für sich – eine jeweilige Person, auf deren Mitteilung sie später antworten werden. Diese gedachte Beziehung bleibt geheim. Eine Person ohne Boomwhacker geht zu einem Kind und tupft ihm sachte ein Motiv auf die Schulter. Daraufhin sendet dieses Kind die Mitteilung mit seinem „Buschtelefon" (= Boomwhacker) ins Land hinaus und hofft auf Antwort. Falls zu Beginn des Spiels Personen beschlossen haben, auf Nachrichten dieses Kindes zu reagieren, antworten diese nun. Die Art und Weise der Antwort wird vorher nicht festgelegt, so dass sowohl mit Imitation als auch mit Bezug nehmender Improvisation reagiert werden kann.
Fand die Nachricht keinen Empfänger, kann der Sender sie nochmals wiederholen, und nun antworten alle Kinder gleichzeitig in ihrer individuellen Art und Weise darauf.
In jedem Falle übergibt der Sender sein „Buschtelefon" (= Boomwhacker) an die Person, die ihm die Nachricht gebracht hatte und geht dann zu einem anderen Kind. Diesem tupft es sachte eine neue Mitteilung auf die Schulter.

Variation mit bestimmter Phrasenlänge   10+
Beim Spiel wird Wert auf ein festes Metrum und eine bestimmte Phrasenlänge für Nachricht und Antwort gelegt.

Tipp: Es empfiehlt sich, zur Vorbereitung ein Echospiel mit gleichen Phrasenlängen durchzuführen. Hierzu kann ein Sprechstück hilfreich sein, vergleiche z.B. Sprechstücke in E4 (S. 27/28) und in R4 (S. 54/55).

R8 Taxi fahren

Alter: 8+
Dauer: >15'

Erkennen und Spielen von Rhythmen, Variationen oder Gegenrhythmen
c', d', e', g', a', c" = pentatonisches Material
je TN 1 Boomwhacker

Alle Spielenden haben je einen Boomwhacker und stehen verteilt im Raum. Eine Person ist der „Taxifahrer". Das Taxi hat 4 freie Plätze: den Beifahrerplatz und drei auf dem Rücksitz. Es „fährt" herum, und die lenkende Person spielt dabei ein Muster mit dem Boomwhacker. Die anderen Spielenden signalisieren durch Übernahme des Musters oder durch das Spiel eines eigenen Musters entweder die Bereitschaft zum Einsteigen oder die Ablehnung des Mitfahrens.

Das Taxi fährt nun bei den Fahrgästen vorbei und lässt sie zusteigen. Ist das Taxi voll, fährt es zu seinem vereinbarten Ziel (z.B. zur Tür, ...). Alle steigen aus, und die Person vom Beifahrersitz lenkt die nächste Taxifahrt mit einem neuen Muster.

 Tipp: Wenn die Spielenden, die nicht mitfahren wollen, den Taxi-Rhythmus nur ein wenig verändern, wird es für die lenkende Person viel schwieriger!

Variation mit mehreren Taxis   8+
Als Steigerung können bei Gruppen ab 20 Spielenden 2 oder 3 Taxis gleichzeitig oder kurz hintereinander losfahren.

Variation mit Imitation und Improvisation   10+
Wenn das Taxi voll ist, wird das Autoradio eingeschaltet, und die Insassen feiern eine „Party". Alle Mitfahrenden entwickeln fortlaufend improvisierend neue Muster.

- Möglicherweise klären, ob Taxi zum Zusteigen anhalten soll!
- Taxifahrer blickt Fahrgast an, damit er zusteigen kann
- Nicht in die Eisenbahn einsteigende Kinder können einen Tunnel, Wald oder eine Baustelle darstellen
-

Variation mit Eisenbahn   4+
Für kleinere Kinder wird das Spiel in zweifacher Weise vereinfacht:
- Es wird ein sehr einfaches Muster oder Metrum gespielt. Kinder, die nicht mitfahren wollen, spielen gar nicht.
- Das „Taxi" wird durch die Vorstellung einer „Eisenbahn" ersetzt. So werden nicht mehr Sitzplätze besetzt, sondern Wagen angehängt. Ein mögliches einfaches Muster könnte so klingen:

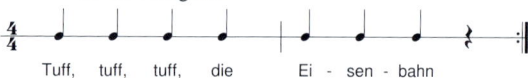

R9 Rhythmus-Rudel

Alter: 8+
Dauer: >15'

Ostinato-Spiel, Entwicklung und Schichtung von rhythmischen Mustern
c', d', e', g', a', c" = pentatonisches Material
oder c', d', e', f', g', a', h',c" = diatonisches Material
oder anderes, gezielt ausgewähltes Material
je TN 1 Boomwhacker

Alle bewegen sich frei im Raum und spielen ein gemeinsames Metrum. Die leitende Person gibt ein akustisches Signal (z.B. hängendes Becken oder Trommel auf einem Stativ, damit es mit einem Boomwhacker als Stick angespielt werden kann). Danach hebt sie Boomwhacker mit verschiedenen Farben in die Höhe (z.B. gelb und grün). Die Spielenden mit den Boomwhackern der ausgewählten Farben treffen sich in Gruppen und einigen sich nonverbal auf ein gemeinsames Muster über dem Metrum, welches weiterhin von den Spielenden mit den nicht angezeigten Farben gespielt wird. Auf ein erneutes akustisches Signal beenden die Gruppen ihr Spiel. Alle Spielenden ordnen sich wieder ins Metrum ein. In einer neuen Runde wird eine andere Farbkombination angezeigt.

Das Ende des Spiels wird eingeleitet, indem die leitende Person mit einem Boomwhacker wirbelt und alle Spielenden mitwirbeln und dabei im Raum zu einem Kreis zusammengehen. Zum Abschluss führen alle mit ihren Boomwhackern einen „klingenden Wurf" zur Kreismitte hin aus (= Boomwhacker in die Luft werfen, am Boden aufprallen und bis zur Stille ausrollen lassen, vgl. „Erweiterte Spieltechniken" auf S. 18).

Tipp 1: Bei ungeübten Gruppen oder kleinen Kindern kann das Metrum zur besseren Orientierung auf einer Trommel mitgespielt werden.

Tipp 2: Treffpunkte im Raum können mit Teppichfliesen, alten Fahrradmänteln, Reifen oder ausgelegten Seilen markiert werden.

Tipp 3: Bei der Erarbeitung der Muster kann die leitende Person mit einem Boomwhacker der jeweiligen Farbe bei Problemen helfend eingreifen.

Tipp 4: Bei gezielter Auswahl des Tonmaterials ist dieses Spiel ein guter Einstieg in Gestaltungen mit Harmonien, z.B.:

- die Töne c', e' und g' ergeben C-Dur
- e', a' und c" ergeben a-Moll
- d', f', a' und c" ergeben d-Moll 7
  (vgl. „Spiele mit Harmonien", ab S. 134).

R10 Rhythmus-Rudel unterwegs

Alter: 8+
Dauer: >20'

Ostinato-Spiel, Entwicklung und Schichtung von rhythmischen Mustern
c', d', e', g', a', c" = pentatonisches Material
oder gezielt ausgewähltes Material, z.B. ein Akkord
je TN 1 Boomwhacker
große Teppichfliesen

Die Teppichfliesen liegen als Inseln verteilt im Raum. Die leitende Person gibt mit ihrem Boomwhacker ein festes Metrum vor. Die Spielenden mit den Boomwhackern einer Farbe finden sich bei einer Teppichfliese ein und entwickeln ihr gemeinsames Muster (vgl. R9 „Rhythmus-Rudel"). Auf ein optisches oder akustisches Zeichen der leitenden Person verlassen sie mit ihrem Muster die Insel und bewegen sich frei im Raum. Dies kann erfolgen:

- einzeln
- in Paaren
- nach der optischen Vorgabe des Spielleiters, z.B. Hochhalten eines Plakates mit Raumwegen

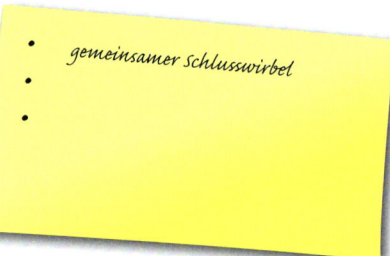

- nach vorher im Plenum gefundenen und festgelegten Regeln
-
-

Auf ein weiteres Zeichen finden sich die Gruppen bei ihren Inseln ein und überprüfen, ob noch alle im gleichen Rhythmus spielen.
Haben die Gruppen ihren gemeinsamen Rhythmus wieder gefestigt, können sie sich erneut frei im Raum bewegen. Sie können sich aber auch dazu entschließen, ein neues Muster zum Metrum der leitenden Person zu entwickeln.

Mögliches Ende des Spieles:
- Abwinken der einzelnen Gruppen durch nonverbale Signale
- „Klingender Wurf" (siehe R6)
- Fade Out (= Decrescendo bis zur Stille)

- gemeinsamer Schlusswirbel
-
-

 Tipp: Falls eine Gruppe ein neues Muster entwickeln möchte: Veränderung der Muster nur in kleinen Schritten!

Variation mit je zwei Boomwhackern   10+
Erfahrene Spielende können auch zwei Boomwhacker spielen. Dabei werden die Farben nach einem festgelegten Schlüssel verteilt, z.B. innerhalb der C-Pentatonik: c' und e', d' und g', a' und c"; andere Kombinationen sind möglich, aber auf alle Fälle werden nur drei Spielgruppen entstehen.

R11 Ja oder Nein!

Alter: 8+
Dauer: >15'

Ostinato-Spiel, gleiche Rhythmen mitspielen oder gegensätzliche entwickeln
c', d', e', g', a', c" = pentatonisches Material
je TN 1 Boomwhacker

Die Boomwhacker liegen in der Mitte. Ein Kind greift sich einen Boomwhacker, z.B. rot, und spielt ein Muster. Ein weiteres Kind entscheidet sich mitzuspielen. Es hat zwei Möglichkeiten. Es kann einen Boomwhacker der gleichen Farbe nehmen, sich zum spielenden Kind gesellen und in das Muster mit einsteigen. Auf diese Art nimmt es die Einladung an und steuert ein „Ja" bei. Wählt es eine andere Farbe und spielt ein anderes, zum Metrum passendes Muster, hält es so ein „Nein" entgegen. Dieses Muster kann sich in Rhythmus und Spielweise unterscheiden. Die weiteren Spielenden können sich für eines der bereits erklingenden Muster entscheiden und die dafür notwendige Farbe ergreifen oder mit einem „Nein" eine weitere Farbe ins Spiel bringen.

Variation für ungeübte Spielende   8+

Zu Beginn des Spieles gibt es drei Gruppen. In jeder Gruppe werden nur Boomwhacker mit der gleichen Farbe verwendet. Jedes Kind hat einen Boomwhacker. Die leitende Person gibt jeder Gruppe ein Muster vor.
In der Mitte liegen Boomwhacker mit den verbliebenen Farben. Will sich ein Kind aus den vorgegebenen drei Mustern lösen, legt es seinen Boomwhacker in die Mitte, nimmt einen neuen in einer anderen Farbe und spielt ein eigenes Muster, das sich von den vorgegebenen unterscheiden soll. Weitere Kinder können ebenfalls ihre Gruppe verlassen und entweder in eine andere Gruppe einsteigen oder ein neues Muster entwickeln und somit eine weitere Gruppe begründen.

R12 Du darfst!

Alter: 8+
Dauer: >15'

==Ostinato-Spiel, freies Spiel mit wechselnden Rhythmen plus Dialog von zwei Spielenden==
c', d', e', g', a', c'' = pentatonisches Material
je TN 1 Boomwhacker

Alle sitzen im Kreis und improvisieren über einem gemeinsamen Metrum. Die leitende Person stoppt und hält den Boomwhacker im Pausengriff. Nacheinander hören alle Spielenden auf und halten ihre Boomwhacker im Pausengriff, bis nur noch eine spielende Person übrig bleibt. Diese spielt weiter und sucht sich ein Kind aus, das dann mit ihr ein Duett improvisiert.
Dies kann geschehen durch
- Überlagerung von Rhythmen
- mit Frage und Antwort
- im freien Dialog.

Bei Wiederholungen kann auch ein Kind mit dem ersten Stopp beginnen.

Variation mit Blickkontakt   8+
Eine Person hört auf zu spielen und stoppt per Augenkontakt die nächste Person. Diese stoppt ebenso die nächste usw. Die letzten zwei Spielenden improvisieren dann einen Dialog.

Variation mit wechselnden Dialogpartnern   10+
Abbau der Ostinato-Schichtung in der oben beschriebenen Weise. Die zuletzt spielende Person lädt per Augenkontakt eine Person zum Dialog ein. Nach einiger Zeit bleibt die zweite Person alleine im Spiel und kann jemand Neues zum Dialog einladen. So können einige Dialogrunden gespielt werden, bevor von vorne begonnen wird.

- Zu Beginn ein Paar festlegen, z.B. zwei mit blauen Pullovern oder zwei, die blond sind ...
- Zwei Freundinnen, zwei Freunde

R13 Groove & Fills

Alter: 8+
Dauer: >30'

Ostinato-Spiel, Erfinden und Schichten von Rhythmen über einer bestimmten Phrasenlänge, Erfinden von Fills

c', d', e', g', a', c'' = pentatonisches Material, 3-6 Töne wählbar
je TN 1 Boomwhacker

Die Spielenden teilen sich z.B. in drei Gruppen ein. Jede Gruppe spielt nur Boomwhacker einer Farbe. Wie in Dirigierspiel D2 (S. 38) beschrieben, werden drei Rhythmen entweder durch die leitende Person bzw. durch mitspielende Personen eingeführt, oder die Spielenden erfinden gemeinsam in ihren Gruppen Muster von einer Taktlänge, z.B. im 6/8- oder 4/4-Takt.

Dann werden die Rhythmen wie folgt geschichtet:
Die Phrase der ersten Gruppe wird dreimal gespielt. Im 4. Takt spielen alle nur das Metrum. Anschließend spielt die zweite Gruppe ihr Muster. Es ergibt sich folgender Ablauf:

Takt 1	Takt 2	Takt 3	Takt 4
Pattern A	Pattern A	Pattern A	Metrum
Pattern B	Pattern B	Pattern B	Metrum
Pattern C	Pattern C	Pattern C	Metrum

Evtl. kommen noch weitere Gruppen mit ihren Patterns dazu.

In Kleingruppen können nun Fills für Takt 4 entwickelt werden. Dadurch entstehen interessante Möglichkeiten für eine rondoartige Gestaltung. Die Kleingruppe B gestaltet das Fill B, die Kleingruppe C das Fill C usw.

Es bieten sich verschiedene Aufgabenstellungen an:
- Jede Gruppe entwickelt für ihre Farbe ein Fill. Im gemeinsamen Spiel können dann die Fills einzeln, in verschiedenen Zweierkombinationen oder mit allen gespielt werden.
- Jede Kleingruppe erhält nur einen Taktteil, z.B. ein oder zwei Viertel (bzw. zwei oder mehr Achtel), des Fills zum Gestalten. Beim Zusammenfügen entsteht ein gemeinsames Fill mit unterschiedlichen und zeitlich nacheinander erklingenden Tonhöhen.
- Es werden neue Kleingruppen gebildet, die jeweils alle Farben mit je einem Spielenden beinhalten. So entstehen mehrere verschiedene Fills mit allen Tönen, die im gemeinsamen Spiel nacheinander abwechselnd eingefügt werden, z.B.:
  Pattern A, Pattern A, Pattern A, Fill B
  Pattern B, Pattern B, Pattern B, Fill C
  Pattern C, Pattern C, Pattern C, Fill D usw.

Variation mit doppelter Phrasenlänge   10+

Ein Muster kann auch zwei Takte dauern. Dadurch entsteht eine gesamte Phrasenlänge von acht Takten, damit wird auch das Fill am Ende auf zwei Takte verlängert.

Variation mit zwei Boomwackern pro Person   10+
Für erfahrene Gruppen gibt es pro spielender Person zwei Boomwhacker.

Variation mit choreographischen Ideen   10+
Dieses Spiel lässt sich gut mit choreographischen Elementen kombinieren. Die ersten zwei Takte werden in den getrennten Farbgruppen im Kreis oder in einer Linie gespielt. Während Takt 3 verlassen die Mitglieder der Kleingruppe B ihre Farbgruppen, um an einer anderen Stelle im Raum in Takt 4 das gemeinsame Fill B zu spielen. Danach gehen sie während Takt 1 wieder zur jeweiligen Farbgruppe zurück. Während Takt 2 hört und sieht man alle Spielenden in ihrer jeweiligen Farbgruppe. In Takt 3 lösen sich die Spielenden der Kleingruppe C aus den Farbgruppen, um zu Beginn von Takt 4 an anderer Stelle im Raum ihr Fill C zu spielen. In dieser Art und Weise präsentieren alle Kleingruppen ihre Fills.

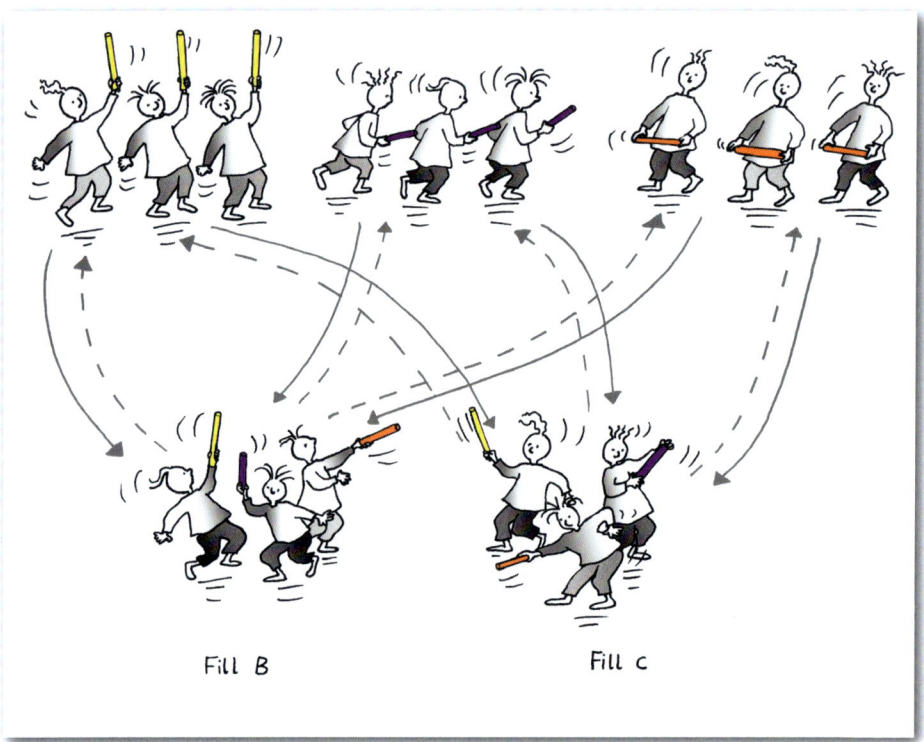

 Tipp: Hilfreich bei der Entwicklung von Fills ist das gegenseitige Vorsprechen und -singen der Ideen durch die Spielenden.

R14 Rhythmusleuchten

Alter: 8+
Dauer: >15'

Visualisieren von Rhythmen in der Dunkelheit

c', d', e', g', a', c" = pentatonisches Material plus Basskappen
oder gezielt ausgewähltes Material, z.B. ein Akkord
je TN 1 Boomwhacker
Taschenlampen

Die leitende Person hat einen Boomwhacker und eine Taschenlampe. Mit dieser leuchtet sie ein rhythmisches Motiv in die Öffnung des Boomwhackers. Die Spielenden wiederholen – ähnlich dem Echospiel R5 (S. 56) – den Rhythmus mit ihren Boomwhackern. Je dunkler der Raum ist, desto stärker kommt die optische Wirkung des leuchtenden Boomwhackers zur Geltung.

Variation mit mehreren Dirigierenden   10+

Für jede Farbe gibt es eine leitende Person mit einem Boomwhacker und je einer Taschenlampe. Leuchtet der Rhythmus z.B. im gelben Boomwhacker, antworten nur die Spielenden mit den gelben Boomwhackern usw. Die Farben können gleichzeitig oder nacheinander aufleuchten. Ein gemeinsames Metrum erleichtert das Spiel.

Tipp: Es unterstützt die leitenden Personen, wenn leise ein Metronom oder eine Trommel mitgespielt wird.

Variation – Ostinati hörbar und sichtbar im gemeinsamen Wechsel   10+

Alle Spielenden haben je einen Boomwhacker und eine Taschenlampe. Die Spielenden einer Farbe bilden eine Gruppe. Jede Gruppe erarbeitet zuerst einen Rhythmus. Danach wird eine Ostinato-Schichtung in Gang gesetzt. Auf ein akustisches oder sichtbares Zeichen der leitenden Person leuchten alle ihren Rhythmus in ihre Boomwhacker. Die Schichtung wird sichtbar. Auf ein zweites Zeichen der leitenden Person kehren alle zum hörbaren Spiel zurück.

Tipp 1: Taschenlampen mit Morsetaste sind besonders geeeignet.

 Tipp 2: Verschließt man die Boomwhacker mit Basskappen auf einer Seite, kann kein Lichtstrahl ungefärbt aus dem Boomwhacker austreten.

Variation – Ostinati hörbar und sichtbar mit freien Wechseln   10+
Eine Rhythmusschichtung wie in der vorhergehenden Variation bildet den Ausgangspunkt. Hier entscheidet jede spielende Person selbst, wann sie vom hörbaren Spiel zum Leuchten und zurück wechselt. Als Regeln gelten: Alle Spielenden einer Farbe spielen den gleichen Rhythmus (hörbar oder sichtbar). Alle beginnen hörbar, zwischendurch sind alle nur sichtbar, und das Spiel endet, wenn alle wieder hörbar sind.

Variation mit Tanzgestaltung   10+
Für jede Farbe gibt es eine leitende Person mit einem Boomwhacker und je einer Taschenlampe, die das rhythmische Spiel ihrer Gruppe führt. Zusätzlich gibt es für jede Farbe 1-3 tanzende Personen, die mit ihren beleuchteten Boomwhackern Linien und Muster in den dunklen Raum malen dürfen. Diese Spielidee kann auch choreographisch weiter entwickelt werden.

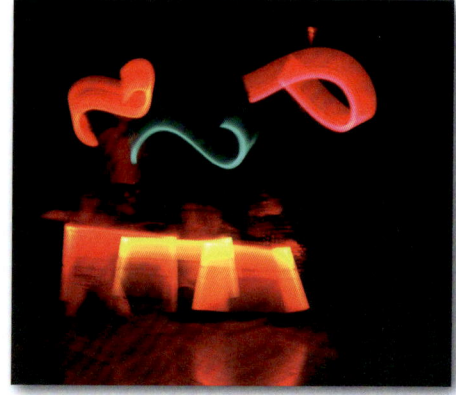

- Ostinati hörbar und sichtbar im Wechsel eignen sich gut als Basis für Choreographie
-

R15 Spielverderberspiel   Alter: 8+
                                     Dauer: >20'

Rhythmen über längere Zeit behaupten

c', d', e', g', a', c" = pentatonisches Material
je TN 1 Boomwhacker

Mit allen Spielenden wird ein Rhythmusteppich aufgebaut (vgl. D4, S. 41). Ein oder mehrere Kinder schlüpfen in die Rolle des Spielverderbers und verlassen den Raum. Dort verständigen sie sich über mögliche Störmanöver. Nach ihrer Rückkehr versuchen sie, die spielende Gruppe mit ihren Störmanövern zu verwirren. Ziel ist es, einzelne Spieler aus dem Rhythmus zu bringen. Wenn ein Kind erfolgreich gestört wurde, hält es seinen Boomwhacker im Pausengriff.

Für die Spielverderber ist die Einhaltung folgender Regeln wichtig:
- Regel 1: Jeder Spielverderber darf höchstens einen Boomwhacker benützen.
- Regel 2: Bei den Störmanövern dürfen Kinder mit Boomwhackern berührt und bespielt werden. Grenzen festlegen! Schmerz vermeiden!
- Regel 3: Ohren der Kinder müssen von den Spielverderbern vor zu lautem Spiel geschützt werden. Genügend Abstand halten!
- Regel 4: Die Kinder dürfen in ihrem Spiel nicht behindert werden (z.B. fremden Boomwhacker nicht festhalten).

Variation – feindliche Übernahme   8+

Kinder, die durch Störmanöver ihren Rhythmus verlieren, stehen auf und verstärken die Spielverderber. Ziel des Spieles ist es, nach einer Zeit von 3 oder 4 Minuten den gesamten Rhythmusteppich aufgelöst und alle zu Spielverderbern gemacht zu haben. Sollte dies nicht gelingen, haben die Rhythmusspieler gewonnen.

Von Spielrunde zu Spielrunde können einerseits die Störmanöver und andererseits Hilfen zur Verbesserung des rhythmischen Spiels reflektiert und optimiert werden. Im Laufe des Spiels können die Gruppen dadurch Strategien entwickeln.

Tipp: Wenn in Spielen Störungen durch Kinder auftreten, können diese mit dem Einschieben des Spielverderberspiels aufgegriffen und überwunden werden.

R16 Boomwhacker-Samba

Alter: 10+
Dauer: >30'

Latin-Rhythmen mit Boomwhackern spielen

c', d', c', e', g', a', c'' = pentatonisches Material (mit 2 Basskappen)
je TN 1 oder 2 Boomwhacker

Typische Sambarhythmen werden mit einem oder zwei Boomwhackern erarbeitet. Dabei spielt die ganze Gruppe den gerade zu lernenden Rhythmus zuerst mit Bodypercussion. Ein Teil der Gruppe darf dann zur Bodypercussion das Muster mit Boomwhackern mitspielen.

Hier einige Muster, angelehnt an typische Spielweisen mit Sambainstrumenten, die Tonhöhen sind ein Vorschlag:

- Surdo (tiefe Trommel mit Stick und Hand): c' und d' plus Basskappe
- Agogo (Metalldoppelglocke): g' und a'
- Cowbell (Metallglocke): c'
- Tamborim (kleine Trommel mit Stick): e'
- Caixa (kleine Schnarrtrommel): zweimal c'' (abwechselnd rechts & links spielen)
- Ganzá (= Shaker mit Essstäbchen): a' evtl. plus Basskappe (vgl. „Erweiterte Spieltechniken", S. 19)

Michel Widmer

Dann werden die Muster übereinander geschichtet.

Schließlich bilden sich Kleingruppen, in denen die Mitspielenden selbst Samba-Breaks komponieren können. Die Vorgaben für die Gruppen sind z.B.:
- eine Phrase in der Länge von ein, zwei oder vier Mustern im Wechselspiel von hohen und tiefen Klängen zu gestalten
- Rede und Antwort zwischen verschiedenen Instrumentengruppen zu gestalten
- das Spiel nach Farben gereiht zu ordnen und mit einem gemeinsamem Rhythmus abzuschließen

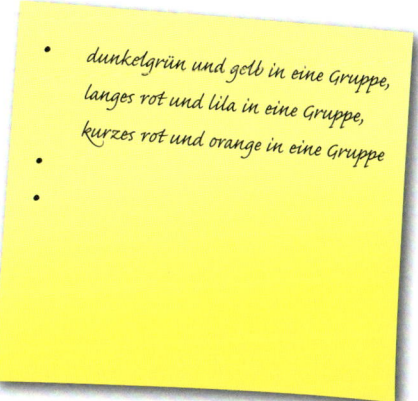

- dunkelgrün und gelb in eine Gruppe,
  langes rot und lila in eine Gruppe,
  kurzes rot und orange in eine Gruppe

Die Kleingruppen können Boomwhacker aller Farben beinhalten oder nur aus jeweils zwei Stimmen zusammengesetzt werden.

Nun kann ein Samba in Rondoform gestaltet werden. Eine oder mehrere dirigierende Personen zeigen durch Zeichen oder Pfiffe mit einer Sambapfeife die jeweiligen Breaks an. Während eines Breaks haben alle anderen Mitspielenden Pause. Nach jedem Break spielen wieder alle oder setzen in einer angezeigten Reihenfolge ein.

Variation mit choreographischen Elementen 10+

Jede Instrumentengruppe übt das Spiel beim Gehen und entwickelt dann gemeinsame Bewegungsmotive während des Gehens und Spielens, z.B. abwechselnd die rechte und linke Schulter nach vorne schwingen oder Schrittvariationen (vorwärts und rückwärts) usw.

Tipp: Mit nur drei Rhythmen lässt sich schon eine gut klingende und groovige Samba spielen.

Im Fokus 3: Was ist an diesem Buch zur Arbeit mit Boomwhackern neu? – eine Antwort mit Hilfe entwicklungspsychologischer Begriffe

An dieser Stelle soll der theoretische Blick in die Tiefe des Austauschprozesses zwischen kultureller Umwelt und Individuum geschärft werden. Wir glauben, dies ist hier besonders sinnvoll, damit das Neue an dieser Veröffentlichung gut zu verstehen ist.

Austauschprozesse zwischen kultureller Umwelt und Individuum werden in der Entwicklungspsychologie meist mit zwei Begriffspaaren beschrieben: Aneignung und Vergegenständlichung sowie Subjektivierung und Objektivierung (vgl. Oerter/Montada, 1995, S. 99ff).
Das erste Gegensatzpaar „Aneignung – Vergegenständlichung" im Fokus:
- Unter Aneignung versteht man eine aktive Handlung, bei der ein Individuum einen Gegenstand an sich heranholt, einordnet oder konstruiert und von der Umwelt quasi Besitz ergreift. Als Prototyp dafür kann nicht nur in der Musik die Exploration angesehen werden.
- Bei der Vergegenständlichung tritt eine nach außen gerichtete Komponente der Handlung in den Vordergrund. Der Handelnde verändert die Umwelt durch die Benutzung von Gegenständen oder die Erzeugung neuer Gegenstände. Das Individuum erkennt sich als Akteur und Schöpfer, erkennt seine Wirkung in der Umwelt und gewinnt Macht und Kontrolle über die Umwelt. Diese Erfahrungen bilden die allgemeine Grundlage für menschliches Handeln. Vergegenständlichungen in der Musik sind z.B. das gemeinsame Musizieren, Komponieren und Improvisieren.

Das zweite Gegensatzpaar „Objektivierung – Subjektivierung" im Fokus:
- Bei der Objektivierung versucht der Handelnde eine Passung von Wirklichkeit und Subjekt und richtet sich dabei nach den Gegebenheiten der Situation. Auf die Musik übertragen bedeutet dies, dass man musikalische Vorbilder reproduziert oder nach engen musikalischen Regeln musiziert.
- Bei der Subjektivierung passt der Handelnde die Ergebnisse an die subjektiven Bedürfnisse und Wissensstrukturen an. Als musikalische Beispiele können das Improvisieren oder kreative und gestalterische Spiele dienen.

Wir schlagen in diesem Buch viele Spielvarianten mit differenzierenden und individualisierenden Möglichkeiten vor. Die Exploration und der kreative Umgang mit dem Instrumentarium Boomwhacker und dem variationsreichen Regelwerk von Spielen liegen uns besonders am Herzen. In diesen Spielen wird überwiegend subjektivierende Aneignung und Vergegenständlichung betont.
Die Pädagogin Jutta Jäger und der Pädagoge Ralf Kuckhermann stellen zum Konzept der Aneignung fest, dass „Lernen nicht als psychische Einzelfunktion zu betrachten ist, sondern als Teil des Gesamtaustauschs zwischen Person und Umwelt" (Jäger/Kuckhermann 2004, S. 28). Die beiden führen weiter aus, dass Aneignungslernen eine starke emanzipa-

torische Komponente hat, denn je aktiver sich Menschen verhalten dürfen, desto mehr können sie lernen, und je mehr sie lernen können, desto größer wird ihr Gestaltungspotential (vgl. ebd. S. 28 und 29). Jäger und Kuckhermann fassen diesen Sachverhalt zusammen: „Der persönliche Sinn des Lernens liegt im Gewinn von Realitätskontrolle und Handlungsfähigkeit" (ebd. S.29). Damit formulieren sie einen hohen Anspruch an die pädagogische Wirklichkeit.

In bisherigen Veröffentlichungen zum Thema Boomwhacker wurden überwiegend objektivierende Ansätze in Form von komponierten Spielstücken vorgestellt.

Wir leben in einer Welt, in der die Objektivierung überbetont wird. Dies beginnt bereits an unseren Schulen und führt sich im gesellschaftlichen Leben fort. Die kreativen Kräfte im Menschen werden aber gerade durch subjektivierende Aneignung und Vergegenständlichung geweckt und gefördert. Unserer Meinung nach sollte dem kreativen Prozess in der Musikerziehung eine ebenso wichtige Rolle wie dem Erlernen der musikalischen Kulturtechniken und überlieferten musikalischen Formen zukommen.

Um die kreativen Prozesse zu unterstützen, ist unserer Erfahrung nach das Instrumentarium Boomwhacker in Ergänzung zum schon verwendeten Elementaren Instrumentarium besonders gut geeignet.

Verklanglichungen

Einführung

Unter dem Begriff „Verklanglichungen" verstehen wir musikalische Gestaltungen, die durch Vorgaben aus der außermusikalischen Welt angeregt werden. Zum Verklanglichen braucht man keine oder wenig spezifische musikalische Fertigkeiten, man kann unbelastet an das Spiel herangehen, denn dabei sollte es kein Richtig und kein Falsch geben! Wir nähern uns dem Thema „Verklanglichung" explorierend und experimentierend. Die Verklanglichungen ein und desselben Themas aus der Natur, einer kleinen Geschichte oder eines Gedichts können je nach Gruppe sehr unterschiedliche Ergebnisse hervorbringen. Aus dem Explorieren und Fixieren von kleinen, individuellen Gestaltungen lassen sich geplante Abläufe komponieren. Verklanglichungen stehen der Programmmusik nahe.

Alle Spiele zum Thema „Verklanglichung" haben gemeinsam: das Explorieren und das Anordnen von Klängen in zeitlichen Abläufen.

- Beim Spiel V1 „Eine Erbse geht auf Reisen" werden graphische Impulse gesetzt.

- Bei den Spielen V2 „Boomwhacker-Lawine" und V3 „Boomwhacker-Gewitter" werden Verklanglichungen von Naturphänomenen mit einem Reaktionsspiel verbunden oder zu kleinen Kompositionen weiterentwickelt. Ein spannungsreiches Aufeinanderbezogensein von Bewegung und Instrumentalspiel wird von Kindern meist hoch motiviert umgesetzt.

- Boomwhacker haben gegenüber anderen Instrumenten den Vorteil, dass Wasser sie nicht zerstört, daher darf beim Spiel V4 „Wasserkreislauf" auch wirklich mit Boomwhackern und Wasser experimentiert werden.

- Beim Spiel V5 „Regensinfonie" mischen sich das verklanglichende Musizieren mit dem Spielen von Bordun und Ostinati zur Liedbegleitung.

- V6 „Gedichte verklanglichen" und V7 „Lieder ausschmücken" stellen beispielhaft einige Texte und Lieder vor, die sich zur Verklanglichung besonders eignen. Unter „Lieder schmücken" versteht man, dass z.B. der Inhalt und die Stimmung einer Liedzeile oder einer ganzen Strophe am Zeilenende oder als Zwischenspiel mit Klängen gestaltet werden. Auch einzelne Wörter oder Textteile lassen sich mit Klängen schmücken und hervorheben (vgl. Widmer, Manuela 1997, S. 116 – 119).

V1 Eine Erbse geht auf Reisen

Alter: 4+
Dauer: >10'

Klänge explorieren und Zusammenspiel in zeitlichem Ablauf entwickeln
c', d', e', g', a', c" = pentatonisches Material
Ereigniskarten
1 oder 2 Boomwhacker pro TN

Alle sitzen im Kreis. Die leitende Person hat Ereigniskarten (siehe Kopiervorlagen auf S. 190), auf denen abgebildet ist, wo sich eine Erbse gerade befinden kann: Sie rollt z.B. auf der Straße, sie hüpft eine Treppe hinauf oder hinunter, sie schwimmt in einem Bach, springt von einem Berg oder kullert leise über eine Wiese oder einen Teppich usw.
Die Karten werden von den Spielenden ausgewählt oder aus einem Stapel verdeckt gezogen. Dann wird die Reisegeschichte im Kreis herum vertont. Die Spielenden entscheiden völlig frei über die Spieltechnik. Auch das Sprechen und Singen in den Boomwhacker und die damit verbundene Verfremdung der Stimme ist erlaubt und kann zu interessanten Ergebnissen führen. Im Austausch über die gehörten Ergebnisse können gute Lösungen bestätigt und weitere Gestaltungsideen entwickelt werden. Mehrere Wiederholungen des Spieles können zu bewussteren Verklanglichungen führen. Es kann hier keine richtigen oder falschen Lösungen geben.

Variation in Kleingruppen   6+
Die Spielenden bilden Kleingruppen. Sie legen mit ihren gezogenen Kärtchen eine Reisegeschichte und vertonen diese dann gemeinsam. Beim gegenseitigen Vorspielen dürfen die anderen Gruppen erraten, was für eine Reise die Erbse wohl gemacht hat.

Variation mit selbst erfundenen Ereigniskarten   8+
Die Spielenden bilden Kleingruppen und suchen sich ein neues Thema für eine Klanggeschichte aus, und jede Gruppe darf die Ereigniskarten selbst zeichnen. Dann weiter wie oben.

- evtl. Themen vorschlagen, z.B. eine Wettergeschichte
- oder die Geschichte von der Raupe Nimmersatt, die zum Schmetterling wird
- oder eine Geschichte mit Maschinen oder Außerirdischen
-
-

V2 Boomwhacker-Lawine

Alter: 4+
Dauer: >10'

==Verklanglichen eines Naturphänomens, Reaktionsspiel==

c', d', e', g', a',c" = pentatonisches Material
1 Boomwhacker pro TN

Einführung des Spielprinzips:

Alle stehen verteilt im Raum. Eine Person am Rande darf mit einem Boomwhacker-Schlag beginnen. Daraufhin spielen die benachbarten Personen in schneller Abfolge auch einen Schlag. Auf diese Weise läuft die Klanglawine durch die Gruppe.

Variation – große Lawine   4+
Eine Lawine kann auch größer und damit meist länger unterwegs sein. Dann beginnt die erste spielende Person mit einem beständigen Boomwhacker-Spiel. Wie oben steigen die benachbarten Spielenden ins Spiel ein. Nach und nach spielt die ganze Gruppe. So stürzt die Lawine den Berg hinunter, und im Tal verebbt ihr Klang nach und nach.

 Tipp: Die Spielform könnte auch mit dem Bespielen eines Nachbarn durchgeführt werden.

Variation mit Bewegung   6+
Die Spielenden bewegen sich als Lawine selbst durchs Zimmer und spielen dabei ihre Boomwhacker an sich selbst, einem Nachbarn oder am Boden.

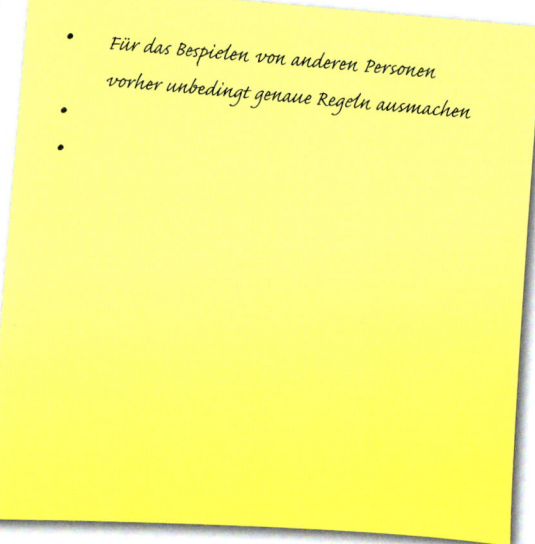

- Für das Bespielen von anderen Personen vorher unbedingt genaue Regeln ausmachen
-
-

V3 Boomwhacker-Gewitter

Alter: 4+
Dauer: >10'

Klänge explorieren und Zusammenspiel in zeitlichem Ablauf entwickeln

c', d', e', g', a', c" = pentatonisches Material
je TN 1 Boomwhacker

Mit der Gruppe wird der Ablauf eines Sommergewitters besprochen. Das Ereignis „Gewitter" wird in einzelne Spielabschnitte zerlegt. Diese können von allen oder durch Kleingruppen oder einzelne Spieler verklanglicht werden.

Mögliche Abschnitte:
- Wind kommt auf
- erste Tropfen fallen
- es regnet
- es blitzt und donnert in der Ferne (Blitz z.B. mit Becken oder Boomwhacker-Rimshot verklanglichen)
- das Gewitter kommt näher
- das Gewitter ist über uns
- es stürmt
- es hagelt
- das Gewitter zieht davon
- der Regen wird schwächer
- der Regen hört auf
- die Sonne kommt hervor und die Vögel zwitschern wieder

- Als Stampfrohre eingesetzte Bassboomwhacker eignen sich hervorragend, um den Donner grollen zu lassen!
- Idee eines Kindes für Blitzeinschlag: Beckenschlag mit Vibraslap

Tipp 1: Ist ein Gewitter noch fern, donnert es erst lange nach dem Blitz.

Tipp 2: Mit den Gruppenmitgliedern graphische Notation gestalten und damit den Ablauf für alle sichtbar machen.

V4 Wasserkreislauf

Alter: 6+
Dauer: >10'

Klänge explorieren und Zusammenspiel in zeitlichem Ablauf entwickeln
c', d', e', g', a', c" = pentatonisches Material
oder diatonisches Material mit Basskappen und verschiedene Schlägel
gefüllte Wassereimer oder Wannen

Aufgabe ist es, den ewigen Kreislauf des Wassers zu verklanglichen. Dabei werden in einer Experimentierphase Klänge ausprobiert und entwickelt. Boomwhacker mit Basskappe werden z.B. mit der offenen Seite ins Wasser gehalten und können mit einem Schlägel oder mit den Fingern auf der Basskappe gespielt werden. Sie klingen umso höher, je tiefer man sie ins Wasser hineinhält.

- Wie hören sich Boomwhacker ohne Basskappe an, die mit einem Fingernagel angeschnippt werden oder deren Öffnung mit der Hand leicht angeschlagen wird, während sie sich im Wasser auf und ab bewegen?
- Wie kann man noch mit den Boomwhackern im Wasser Klänge variieren?

Auch bei diesem Spiel können Bildkärtchen oder Fotos (Spiel- und Kopiervorlage auf S. 191) sehr hilfreich sein.
Die Spielenden bilden Kleingruppen und vertonen „ihren" Wasserkreislauf gemeinsam. Im musikalischen Gestaltungsprozess wird dann spielerisch mit den Parametern Tonhöhe, Tondauer (z.B. Wirbeln), Metrum, Takt, Rhythmus, Klangfarbe, Lautstärke und Form umgegangen. Die anderen Gruppen beschreiben nach dem Zuhören die Besonderheiten.

Variation – Themenverteilung in Kleingruppen 8+

Die Spielenden teilen sich in Kleingruppen auf, die nur je einen Bereich des Wasserkreislaufs bearbeiten. Alle Kleingruppen spielen nach einer Übungsphase den gesamten Ablauf hintereinander.

> In der Arbeit mit älteren Kindern, Jugendlichen und Erwachsenen hat sich das Zeigen von Dias oder Fotos per Diaprojektor, auf großen Bildschirmen oder per Beamer bewährt. Dies kann die Intensität des Erlebnisses erhöhen und die Motivation verstärken.

V5 Regensinfonie

Alter: 6+
Dauer: >20'

Bordun, Ostinato zur Liedbegleitung spielen und Regen mit Boomwhacker und Bewegung gestalten

Das benötigte Material steht bei den entsprechenden Beispielen. Es ändert sich je nach Altersstufe.

pentatonisches Material d, a, c', d', a', c", dazu evtl. d', f', g'
je TN 1 oder 2 Boomwhacker

Zu Beginn lernen und singen alle gemeinsam das Lied.
Dazu gibt es je nach Altersstufe mehrere Möglichkeiten der Begleitung.

Erste Begleitung im Kindergartenalter   4+
Die Kinder spielen ihren Ton, wann sie wollen.

Begleitung mit Bordun   6+
Die Kinder spielen einen Bordun mit dem Grundton und seiner Quint (d und a oder d und a).

Begleitung mit einfachen Mustern 8+
Die Kinder können kleine Begleitungsmuster dazu spielen.
Beispiele zur Auswahl (einige Beispiele sind nach oben oktavierbar):

Begleitung mit schwierigeren Mustern 10+

Begleitmuster auf zwei Spielende aufgeteilt 10+
Die Richtung der Notenhälse zeigt die Verteilung an.

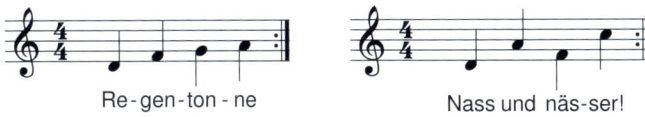

Es bietet sich nun an, bestimmte Wörter und Bilder aus dem Lied zu verklanglichen. Wir stellen einige Beispiele vor.

Regnen, nieseln, tropfen: mit den Fingerkuppen oder -nägeln in der jeweilig entsprechenden Intensität auf dem Boomwhacker spielen.

Fließen, schwappen, gurgeln, rauschen: Boomwhacker auf dem Boden rollen, gegeneinander rollen oder kreiseln lassen (vgl. Kreiseln am Boden, S. 17, und Klingendes Kullern, S. 19).

In einen mit einer Basskappe geschlossenen Boomwhacker lässt sich auch Wasser einfüllen. Durch mehr oder weniger Wasser ist der Boomwhacker stimmbar, und so können harmonisch passende Glucker-Geräusche erklingen.

Füße springen, platschen: Boomwhacker mit einer Hand an einem Ende am Boden fixieren, das andere Ende auf den Boden schlagen (vgl. Boden-Rimshot, „Grundlegende Spieltechniken", S. 16).

Alle Beispiele sind Vorschläge zum Aufgreifen und Weiterentwickeln.

Gestaltungsvorschlag:
Nach einer Phase des Ausprobierens werden nach jeder Strophe des Liedes die dazugehörenden Klänge gespielt. Es kommt somit zu einem Wechsel von Liedstrophe und Klanggestaltung (vgl. auch V7 „Lieder schmücken", S. 88).

Variation in anderer Reihenfolge   10+
Zuerst wird das Lied in voller Länge gesungen und mit Bordun und Ostinati begleitet. Danach werden die Klanggestaltungen als Regenklanggeschichte nacheinander gespielt.

V6   Gedichte verklanglichen

Alter: 6+
Dauer: >10'

Klänge explorieren und Zusammenspiel in zeitlichem Ablauf entwickeln
pentatonisches oder diatonisches Material

Mit der Gruppe werden eigene und fremde Texte verklanglicht. Dabei können Rhythmen und Klänge, die in den Gedichten beschrieben werden oder sich in der Sprache finden lassen, als Impuls zur Verklanglichung dienen. In der Folge werden einige Gedichte und Texte zur Anregung aufgeführt.

volkstümlicher Text

Hoppe, hoppe Reiter, wenn er fällt, dann schreit er.
Fällt er in den Graben, fressen ihn die Raben.
Fällt er in den Sumpf, macht der Reiter PLUMPS!

Gestaltungsvorschläge:

- zu diesem Spruch mit orangefarbenen Boomwhackern im Galopp begleiten
- Am Ende der ersten Zeile kann ein durch einen Boomwhacker verfremdeter Schrei ertönen, dabei kann das Galoppieren auch kurz stoppen.
- Am Ende der zweiten Zeile hören wir einen Rabenchor, der in die gelben Boomwhacker krächzt.
- Zum Schluss spielen alle den „PLUMPS!"

- jede Zeile galoppiert eine andere Farbe

volkstümlicher Text

Dideldum, mei Weib isch krumm, die hot an krumme Zeah.
Sie hupfet in der Kuche rum und dappet noch de Fleah.

Gestaltungsvorschläge:

- rhythmische Begleitung mit Boomwhackern zum gesamten Text
- Nach „Kuche rum" stoppt die Begleitung, und ein rhythmisches Hüpf-Solo erklingt.
- Nach „Fleah" gibt es „wildes Herumhüpfen der Flöhe" durch Anschnipsen mit Zeigefinger von Boomwhackern aller Farben und dazu noch die Schlaggeräusche durch lila Boomwhacker.
- Es werden Kleingruppen gebildet. Jede Kleingruppe begleitet mit Boomwhackern einer Farbe und betont ihr wichtige Wörter durch die kurzzeitige Verwendung anderer Tonhöhen.

- durchgängier stampfrhythmus mit Bassboomwhackern

volkstümlicher Text

1, 2, 3, 4, 5, 6, 7, 8,
die Stiege kracht,
das Haus fällt ein,
und du musst's sein

Gestaltungsvorschläge:

- erst sprechen und dann jede Zeile mit Boomwhacker-Spiel beantworten
- Zeile 1 mit Melodiefolge in 8 Schlägen, z.B. c', e', f', g', e', f', g', c'
- Zeile 2 im Sprachrhythmus gestalten
- nach Zeile 3 eine Lawine von hohen zu tiefen Tönen spielen
- Alle zeigen auf ein Kind. Auf wen die meisten gezeigt haben, der darf einen neuen Vorschlag machen.

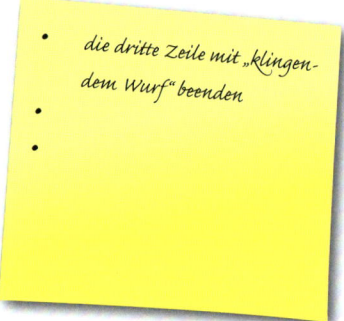

die dritte Zeile mit „klingendem Wurf" beenden

volkstümlicher Text

Es regnet, es regnet, es regnet seinen Lauf,
und wenn's genug geregnet hat, dann hört es wieder auf.
Es regnet, es regnet, es regnet Tag und Nacht,
und wenn's genug geregnet hat, die Sonne wieder lacht.

Gestaltungsvorschläge:

- Achtel- oder Sechzehntel-Begleitung mit Fingerkuppenwirbel (vgl. „Grundlegende Spieltechniken", S. 17)
- am Ende der zweiten Zeile eine Pause
- Steigerung des Regens durch Lautstärke oder durch Hinzunahme weiterer Tonhöhen
- Sonnenschein darstellen durch Aufbau eines Akkordes; Töne jeweils wirbeln und lauter werden;
Akkord z.B. C^{maj7} (= c', e', g', h')

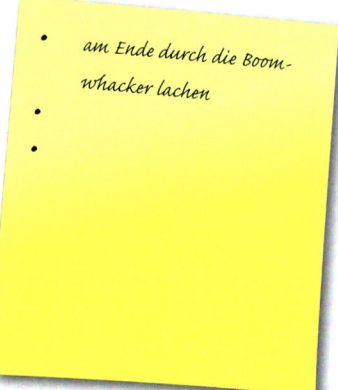

am Ende durch die Boomwhacker lachen

Aprilwetterspiel

Wilhelm Keller

Im April, im April tut das Wetter was es will:
Sonne, Regen, Schnee und Blitz, Donnerwetter, so ein Witz!
Doch wenn früh die Vögel singen, leis die Glockenblumen klingen,
können wir den Frühling hören und kein Wetter kann uns stören.

Aus: Wilhelm Keller, Ludi musici 1, Spiellieder, Fidula (Best.-Nr. 101), Nr. 28

Gestaltungsvorschläge:

- nach „Sonne, Regen, Schnee, Blitz, Donnerwetter" immer eine Sprechpause und eine Verklanglichung des genannten Wetters einfügen
- nach „Witz!" darf ein Kind in einen Boomwhacker hineinlachen
- nach „Vögel singen" wieder eine Sprechpause und in Boomwhacker hineinsingen oder -pfeifen
- nach „Glockenblumen klingen" Boomwhacker anblasen (vgl. „Grundlegende Spieltechniken", S. 17) und einige Bassboomwhacker am Boden rollen
- nach „Frühling hören" den Boomwhacker ans eigene Ohr halten, und so den veränderten Klang der Umgebung hören

V7 Lieder ausschmücken

Alter: 6+
Dauer: >10'

Klänge explorieren und Zusammenspiel in zeitlichem Ablauf entwickeln
pentatonisches oder diatonisches Material

Mit der Gruppe werden eigene und fremde Lieder mit Klängen geschmückt. Wir haben zwei Lieder als Beispiel gewählt, möchten diese Auswahl aber nur als Anregung verstehen.

Aus: Wilhelm Keller, Ludi musici 1, Spiellieder, Fidula (Best.-Nr. 101), Nr. 39

Beim Lied „Mäuseball" kann an jedem Zeilenende Raum für das Ausschmücken mit Klängen gegeben werden. Die im Text erwähnten Aktionen lassen sich gut mit Boomwhacker-Klängen gestalten.
Das Lied kann mit dem Tonmaterial c' und g' (also jeweils mit Basskappe) als Bordun und mit c', d', e', g', a', c" (= pentatonisches Material) zum Ostinatospiel begleitet werden.

Das folgende Lied „Popcorn" von Ulrike Meyerholz erscheint uns als ein besonders gelungenes Beispiel für die Verbindung von Liedbegleitung, Ausschmücken eines Zwischenteils und darstellender Bewegung.

Popcorn

Ulrike Meyerholz

A-Teil

B-Teil (Zwischenteil)

C-Teil

Aus: musikpraxis Nr. 97 (1/2003), Fidula, S. 24/25

Gestaltungsvorschläge:

- Es werden die Boomwhacker c', e', g', c" verwendet.
- Es wird eine pentatonische Boomwhacker-Reihe zum Klingen gebracht, c', d', e', g', a', c".
- Während des A-Teils sitzen die Kinder im Kreis am Boden und stellen mit ihren Boomwhackern eine Pfanne dar.
- Theatralisch werfen sie vermeintlich Popcorn hinein und schließen den Deckel.
- Im Zwischenteil B platzt das Popcorn. Jedes Kind darf z.B. fünf Körner mit dem Boomwhacker zum „Ploppen" bringen (festlegen, damit sich ein Ende wie von alleine findet).
- Im C-Teil dürfen die Kinder selbst als platzendes Popcorn frei im Raum herumspringen.

- die Hälfte der Gruppe singt den C-Teil, die andere Hälfte lässt es im Metrum „ploppen" – anschließender Wechsel der Aufgaben

- die Hälfte der Gruppe singt den C-Teil, die andere Hälfte begleitet die Sprünge mit „Ploppen" – anschließender Wechsel der Aufgaben

-
-

Im Fokus 4: Boomwhacker unterstützen das Zutrauen in die eigene Leistung

Viele improvisierende Spiele (vgl. subjektivierende Vergegenständlichung, „Im Fokus 3", S. 72) sind höchst individualisierend bei gleichzeitiger Aktion aller Teilnehmer. So kann sich bei den Spielenden eine Erfahrung des Könnens einstellen. Diese Erfahrung unterstützt die Entwicklung der persönlichen Leistungsfähigkeit.
Gerade unsicheren Menschen hilft dies, ihr Selbstkonzept zu stabilisieren und mehr Zutrauen zu sich aufzubauen. Der Psychoanalytiker Erik H. Erikson spricht im Rahmen seiner Theorie zur Persönlichkeitsentwicklung in diesem Zusammenhang von Leistungsvertrauen (vgl. Oerter/Montada, 1995, S. 65).
Der spielerische Einsatz von Boomwhackern ohne Noten ist für Menschen unterschiedlichen Alters und verschiedenster musikalischer Vorerfahrung geeignet. Besonders für unsichere, bisher musikalisch eher unerfahrene Personen oder auch für Personen mit eher negativen musikpädagogischen Vorerfahrungen ist das Spielen mit Boomwhackern ein einladender und niederschwelliger Zugang. Alle Spielenden betreten miteinander eine neue Spielwelt. In dieser kann sich Leistungsvertrauen entwickeln, weil sich jede Person sicher fühlen und sich in vielen Spielen als konstruktives Mitglied einer Gruppe empfinden kann. Jede Person ist wichtig und trägt mit dem eigenen Tun zu einem erfolgreichen Gelingen bei.

In Zusammenhang mit der Arbeit mit musikalischen Laien betont der Musiker und Psychologe Herbert Bruhn die Förderung des Selbstbewusstseins durch Erfolgserlebnisse in einem vorher meist wenig be- und erkanntem Handlungsbereich (vgl. Bruhn in Hartogh/Wickel 2004, S. 69).
Durch den Umgang mit in der Regel ein oder zwei Tönen und der häufig ostinaten Spielweise fällt es bei „Fehlern" leicht, wieder in das Spiel der Gruppe hineinzufinden. Die Chance zur Steigerung des Leistungsvertrauens ist so erfreulich groß. Über das Gefühl des Könnens stellt sich eine Motivation ein, sich in der Sache weiter zu verbessern.

Daher eignen sich kreative Boomwhacker-Spiele besonders für die Arbeit mit musikalischen Laien und empfehlen sich so zum Einsatz in Schule und in freizeit- und sozialpädagogischen Arbeitsfeldern.

Für Ihre weiteren persönlichen Ideen und Notizen:

Spiele mit Bewegung

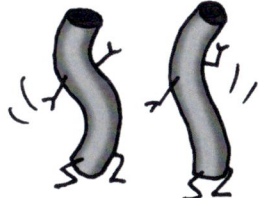

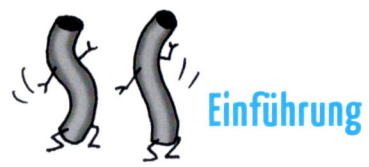

Einführung

Musikalische Spiele mit Bewegung unter Einbeziehung von Boomwhackern als Spielmaterial können Elementare Musik- und Tanzerziehung bereichern. Wir wollen Möglichkeiten aufzeigen, die sich an den kennzeichnenden Merkmalen und Besonderheiten des Instrumentariums Boomwhacker orientieren. In den hier aufgeführten Spielen werden vielfältige Möglichkeiten zum Erleben und Gestalten von Musik und Bewegung angeboten. Das intensive körperliche Erlebnis in Zeit und Raum ist das verbindende Element von Musik und Bewegung. Unsere Spiele sollen Anlässe zur Sensibilisierung für Zusammenhänge zwischen musikalischem und bewegtem Tun bereitstellen. Dabei kann es einmal eher um die Förderung der Bewegungsfähigkeit, der Reaktionsfähigkeit oder des Koordinationsvermögens der Teilnehmer gehen und ein andermal mehr um die Entwicklung ihres Gestaltungspotentials, immer im Bezug zum musikalischen Geschehen und zu den musikalischen Impulsen.

Das folgende Zitat der Tanzpädagogin Barbara Haselbach zeigt uns die wichtigen Dimensionen der Arbeit mit der Körperlichkeit auf:

„Sensibilisierung des Körpers für Wahrnehmung, Bewegungsausführung und Gestaltung ist emotionale, körpertechnische und soziale Erfahrung und damit – gleichzeitig Basis und Ziel des ‚Lernens aus der Leiberfahrung'" (Haselbach, 1991, S. 18).

In diesem Sinne sollen unsere Spiele nicht nur Basis für ein wichtiges Erfahrungsfeld sein, sondern zugleich auch das Ziel haben, ein lustvolles, bereicherndes, genussreiches und lebendiges Lernen zu ermöglichen.

- Bei den Spielen B1 „Vulkanausbruch" und B2 „Geisterstunde" werden Gegensatzpaare mit Musik und Bewegung ausprobiert und gestaltet.
- B3 „Meereswellen" bringt ein Naturphänomen klanglich und bewegt ins Spiel ein.
- Das Lied von der „Musikmaschine" (B4) fordert zum Erfinden und Choreographieren von Bewegungen zum Thema „Maschine" auf.
- Die Spiele B5 „Jump in", B6 „Move the Groove – pentatonisch" und B7 „Move the Groove – diatonisch" geben Gelegenheit zum tänzerischen und zugleich klingenden Spiel mit Boomwhackern. Vom Ausprobieren bis zur fixen Choreographie lassen sich hier vielfältige Ideen verwirklichen.
- Ein Händetanz zum Boomwhacker-Groove ist das Thema von B8 „Boomwhacker-Psychedelic".
- Das Spiel B9 „Treffen der Außerirdischen" bietet in Kleingruppen differenzierte Arbeit am körperlichen Ausdruck an. Die Verbindung von Spiel und Klang der Boomwhacker ist eine spannende Herausforderung.
- Zurückgreifend auf die musikalische Gestaltung des „Boomwhacker-Samba" (R16, S. 69) werden im Spiel B10 „Samba Dança e Drama" Aufgaben zur Entwicklung von tänzerischen und darstellerischen Ideen gestellt.
- Das Spiel B11 „Funky-Whacky-Beat-Kanon" regt zu vielfältigen rhythmischen und tänzerischen Gestaltungen an.

- Das abschließende Projekt „Zirkus spielen" (B12) kann eine Klasse oder Gruppe wochenlang beschäftigen. Bei diesem Zirkusspiel geht es nicht um „höher – schneller – besser", sondern um humorvolle und zugleich sensible Gestaltungen von Zirkusmomenten und -geschichten im Zusammenspiel von Musik, Bewegung und Darstellung. Ein Zirkuslied verbindet alle Aktivitäten miteinander.

B1 Vulkanausbruch

Alter: 6+
Dauer: >10'

Gegensatzpaare „langsam – eng" oder „schnell – weit" erleben und diese klanglich verstärken
c', d', e', g', a', c" = pentatonisches Material mit und ohne Basskappen
je TN 1 Boomwhacker

Als Spielvorstellung dient uns das Bild kochenden Magmas in einem engen Vulkanschlot knapp unter der Oberfläche. Von Zeit zu Zeit bilden sich blubbernde Blasen. Ist der Druck zu groß, explodiert der Vulkan.

Alle Spielenden haben einen Boomwhacker und kauern eng beisammen, nah am Boden in der Mitte des Raumes. Mit ihrem Körper stellen sie das flüssige Magma dar. Immer wieder erheben sich Einzelne aus der wabernden Masse und stellen eine Blase dar, die mit einem leisen „Plopp" des Boomwhackers wieder kollabiert.

Die Intensität und Frequenz dieser Bewegungen hat einen langsamen und zähen Charakter und kann sich steigern und wieder abnehmen. Dabei nimmt das Magma (Gruppe) mehr oder weniger Raum ein. Der finale Druckanstieg wird durch eine schnellere Abfolge von lauten „Plopps" und Boomwhacker-Wirbeln ausgedrückt.

Nun folgt die Explosion des Vulkans mit schnellen und weiten Bewegungen der Spielenden in den Raum hinein. Dabei können sie ihre Boomwhacker in die Luft werfen. Nach kurzer Zeit erkaltet das Magma und die Spielenden versteinern analog zum verebbenden Klang der ausrollenden Boomwhacker.

Variation mit zusätzlicher Vulkandarstellung durch Bassboomwhacker 8+

Über dem blubbernden Magma stellen einige Kinder mit Bassboomwhackern die Kegelform eines Vulkanes dar.

Dabei können sie durch einen einhändigen Wirbel zwischen Daumen und Zeigefinger einen tiefen Klang erzeugen (siehe Foto rechts).

Ebenso kann auch ein Wirbel zwischen Hand und Boden gespielt werden (siehe Foto links).

Zusätzlich kann durch Aufstecken von Basskappen und durch ein leichtes Anspielen von unten, vergleichbar dem Spiel des „Living Keyboard" (vgl. S. 18), ein noch tieferer Klang erreicht werden. Bei der Explosion werden diese Vulkanflanken auch in den Raum geschleudert.

B2 Geisterstunde

Alter: 8+
Dauer: >15'

fließende Bewegungen im Gegensatz zu abgehackten Bewegungen mit abschließendem Freeze (= einfrieren)

c', d', e', g', a', c'' = pentatonisches Material
Flöte oder Lotosflöte oder anderes geeignetes Instrument
Becken auf Stativ oder Vibraslap
je TN 2 Boomwhacker

Die Spielenden verteilen sich im Raum. Die leitende Person spielt eine Melodie. Die „schwebenden Geister" bewegen sich fließend zur Musik. Die Boomwhacker könnten dabei folgendermaßen eingesetzt werden:
- als Hilfe für raumgreifende und ausladende Bewegungen
- als schwebende Objekte, die die Geister mit sich ziehen

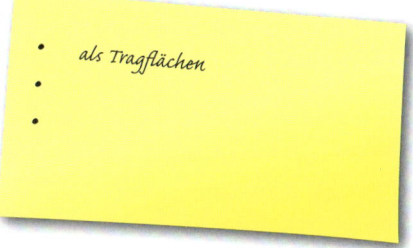

- als Tragflächen
-
-

Wenn die Melodie stoppt, beginnen die Geister sich gegenseitig mit kurzen, schauerlichen Bewegungen und Positionen zu erschrecken. Die Boomwhacker dienen dabei nicht nur der Verstärkung des Bewegungsausdrucks, sondern sollen auch für Töne und Geräusche eingesetzt werden.

Ein Schlag auf Becken oder Vibraslap durch die leitende Person gibt den Geistern das Signal zum Freeze. D.h. die Spielenden verharren mitten in ihrer Bewegung zum Standbild. Setzt die Melodie wieder ein, schweben sie weiter leise durch den Raum.

Variation ohne leitende Person   8+
Das Spiel beginnt wie oben. Anstelle eines akustischen Signals zum Freeze bestimmen die Spielenden das Freeze selbst. Sobald eine Person im Freeze verharrt, sollen alle anderen diesen Impuls aufnehmen und ebenfalls einfrieren.

Variation mit Klanggestaltung durch Boomwhacker   10+
Die Gruppe wird in eine Musik- und Geistergruppe geteilt. Die Musikgruppe unterstützt die schwebenden Bewegungen mit gruseliger Atmosphäre durch entsprechende Spielweisen ihrer Boomwhacker: z.B. Rollen am Boden, Blaswirbel, Fingernageltremolo, Stampfen mit der Öffnung auf eine Handfläche, kurze Fußbodenwirbel usw.
Die Klangbeiträge können freimetrisch oder rhythmisch sein.
Nach dem akustischen Signal (Becken oder Vibraslap) erschrecken die Geister die Musiker, wie im obigen Spiel beschrieben. Diese Phase endet durch sachtes Berühren der Musiker mit einem Boomwhacker. Mit der Berührung des Musikers verharrt der Geist im Freeze. Stehen alle Geister im Freeze, schweben die Musiker als neue Geister davon, und die alten Geister werden die neuen Musiker. Nach erneutem Durchspielen kann mit dem nächsten Freeze geendet werden.
Andere Möglichkeiten für ein Ende des Spiels können mit der Gruppe ausprobiert werden (z.B. alle erschrecken die leitende Person/Zuschauer mit einem gemeinsamen Freeze).

Tipp: Wenn man diese Spielidee ins Schwarzlichttheater versetzt (schwarz abgehängter Raum, Schwarzlichtquelle und evtl. schwarze Bekleidung), kann das Erlebnis der Mitspielenden verstärkt oder zu einem Teil einer interessanten Performance vor Publikum entwickelt werden.

B3 Meereswellen   Alter: 8+
                                                         Dauer: >20'

Bewegungsbegleitung gestalten

Dieses Spiel hat auch einen harmonischen und verklanglichenden Charakter, wir betonen hier den Bewegungsaspekt.

c', d', e', f', g', a', h', c''= diatonisches Material
je TN 1 Boomwhacker

Für dieses Spiel wird das vorhandene Material in zwei Depots aufgeteilt. In einem Depot befinden sich die Boomwhacker c', e', g', h' und bilden den Akkord C^{maj7}, und im zweiten Depot d', f', a', c'', die den Akkord Dm^7 ergeben. Es können selbstverständlich auch andere Akkorde ausgewählt werden (vgl. Ha9 „Harmoniebaukasten", S. 157). Die Spielenden nehmen sich je einen Boomwhacker und stellen sich in zwei Linien im Raum auf (Linie A spielt Töne aus dem Akkord C^{maj7}, Linie B spielt Dm^7-Töne).

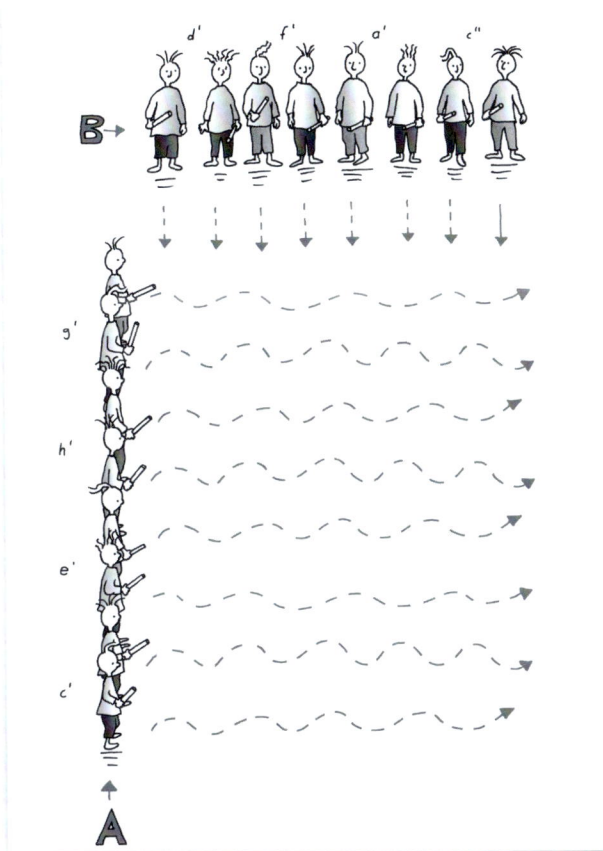

Linie B improvisiert eine Klangwelle, die mehrere unterschiedliche Wellentäler und -berge bildet. Dem dynamischen Ablauf der Welle entsprechend gestalten die Spieler der Linie A ihre Bewegungen durch den Raum. Nach einer freien Improvisationsphase können den Spielenden auch Bilder vorgegeben werden, z.B.
- stille See mit leichter Brise
- kräftiger Sturm

-
- alles verschlingender Tsunami
-
-

Die Aufgaben der Linien A und B sollen auch getauscht werden. Gestaltungen lassen sich zudem mit graphischer Notation fixieren.

Musikalische Variation mit Bewegungsvorgabe 8+
Die Kleingruppen erarbeiten einen Bewegungsablauf, und eine Gruppe improvisiert dann eine Musik zur Bewegungsgestaltung (Umdrehung der obigen Aufgabe).

B4 Musikmaschine

Alter: 8+
Dauer: >30'

mit Bewegung, Geräusch und Klang eine Musikmaschine konstruieren

Material: e, g, a , h , d', e', g', a', h'

Gemeinsamer Einstieg:
Zu Beginn erlernen alle gemeinsam das Lied von der Musikmaschine.

Musikmaschine
Stefan Ölke / Michel Widmer

Zum Lied können die Teilnehmenden mit e und h sowie e' und h' (evtl. g') eine Bordun-Begleitung anstimmen.

Gruppenphase:
Wird das Lied sicher gesungen, bilden die Teilnehmenden Gruppen. Sie erhalten die Aufgabe, eine klingende Maschine zu konstruieren, deren Teile sich mechanisch am Platz bewegen und sich gegenseitig beeinflussen (z.B. Extremitäten mit und ohne Boomwhacker, Oberkörper und Kopf, oben oder unten, mit oder ohne Kontakt, schwingend oder abgehackt, langsam oder schnell, ...).

 Tipp: Hier können zur besseren Vorstellung Begriffe genannt werden, z.B.: Dampfwalze, Dampflokomotive, Mähdrescher, Konservenfabrik, Druckerei, ...

Präsentationsphase:
Hat jede Gruppe ihre Maschine konstruiert, kommen alle zurück ins Plenum. Nun werden die verschiedenen Maschinen wie in einem Rondo vorgestellt. Zuerst singen alle das Lied. Anschließend stellt eine Gruppe ihre Maschine vor. Nachdem das Lied erneut gesungen wurde, kommt die nächste Gruppe dran. Dies wiederholt sich solange, bis jede Gruppe ihre Maschine vorstellen konnte.
Zum „Finale Furioso" dürfen alle Gruppen gemeinsam ihre Maschinen anwerfen. Ein mögliches Ende könnte sein, dass der Strom abgedreht wird, d.h. nach einiger Zeit werden die Bewegungen langsamer, und die Maschine geht mit der Zeit aus. Andere Gestaltungen des Endes sind möglich.

Überarbeitungsphase:
Es wäre schön, wenn die Maschinen von den anderen Gruppen konstruktive Kritik erfahren und den Gruppen noch einmal eine Arbeitsphase zugestanden wird. Im folgenden Gesamtdurchlauf werden die überarbeiteten Ergebnisse präsentiert.

Variation „Fließband" 8+
Die Gruppen stehen in einer Linie neben- oder hintereinander. Nachdem das Lied gemeinsam gesungen wurde, beginnt die erste Gruppe mit ihrer Maschinendarstellung. Eine Maschine nach der anderen nimmt ihre Arbeit auf. Nun ist die gesamte Fließbandhalle in Betrieb.
Mit der Reihenfolge der Gruppen kann experimentiert werden.

Variation „wandernde Baustelle" 10+
Die Gruppen arbeiten in einer weiteren Phase an ihren Maschinen, die sich nun fortbewegen sollen. Später werden sie hintereinander angeordnet. Als wandernde Baustelle setzen sich nun alle Gruppen gemeinsam in Bewegung.

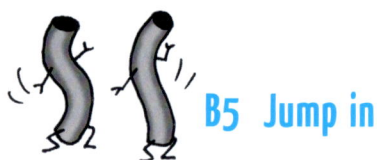

B5 Jump in

Alter: 10+
Dauer: >20'

Erfinden und Imitieren von Bewegungen zum Groove

c', d', e', g', a', c'' = pentatonisches Material
je TN 1 Boomwhacker

Alle stehen im Kreis und spielen und wippen gemeinsam im Metrum.
Eine mitspielende Person (A) springt in eine andere Haltung und zeigt im vorhandenen Metrum eine neue wippende oder schwingende Bewegung mit einem neuen rhythmischen Boomwhacker-Motiv (auch kleine Abwandlungen wie z.B. Einführung einer Pause oder Verdopplung eines Notenwertes bringen ein gutes Ergebnis).
Die nächste Person im Kreis nimmt das Beispiel auf und imitiert Bewegung und Rhythmus. Nacheinander wird ebenfalls imitiert. Erst wenn alle im Kreis die neue Bewegung übernommen haben, bringt Person B, die neben Person A steht, einen neuen Impuls ein. In diesem Moment spielen alle anderen noch den ersten Rhythmus weiter. Nach und nach spielen immer mehr Mitspielende den zweiten „neuen" Rhythmus. Durch die Überlagerung von zwei verschiedenen Beispielen entsteht das Phänomen Groove. Viele Personen (C, D, E, ...) können nach diesem Prinzip einen neuen Rhythmus einbringen.

! Tipp: Das Spielprinzip kann zu Beginn auch nur mit Bewegung oder nur mit Rhythmus eingeführt werden.

Variation mit dichter Impulsfolge   10+

Noch bevor der neue Impuls sich durch den Kreis bewegt hat, darf die nächste Person (C) einen Vorschlag einbringen. Somit befinden sich dann zum Metrum schon zwei Spielimpulse im Kreis. Durch schnelles Hintereinandereinsetzen lässt sich ein intensives Geflecht von Rhythmen entwickeln.

! Tipp 1: Dieses Spiel eignet sich auch gut zum Erarbeiten von Bewegungsmaterial für Boomwhacker-Choreographien.

! Tipp 2: Zur Unterstützung des Metrums kann eine Trommel gespielt werden.

B6 Move the Groove – pentatonisch

Alter: 8+
Dauer: >25'

Tanzspiel mit rhythmischen Mustern

c, d', e', g', a', c" = pentatonisches Material
je TN 1 Boomwhacker

Explorationsphase:
Zum Spiel einer Trommel oder eines Cajons probieren alle Spielenden tänzerische Bewegungen mit ihrem Boomwhacker aus. Dabei sollen auch rhythmische Spielweisen mit der Bewegung verbunden werden.

Gruppenarbeitsphase:
Es bildet sich pro Farbe je eine Kleingruppe. In den Gruppen erarbeiten die Spielenden ausgehend von ihrem in der Exploration gefundenem Material ein gemeinsames klingendes Muster mit Rhythmus und Tanz. Dabei kann eine Phrasenlänge durch Trommelspiel oder Texthilfe vorgegeben werden.
Zum Beispiel:
Komm, beweg' dich – und spiel mit!
Das klingt gut – und wird unser Hit!
Oder:
Wir tanzen und wir ploppen mit dem „tollen Rohr",
hey, wir bieten was – für Aug' und Ohr!

Tipp 1: Die Trommelphrase kann immer mit einem speziellen Fill (bedeutet hier: rhythmische Schlussformel) oder einem Beckenschlag abgeschlossen werden.

Tipp 2: Allen Kleingruppen können gleiche Hilfen zur Bewegungsentwicklung gegeben werden, z.B.:
- Alle bewegen sich in einer Linie hintereinander!
- Alle stehen in einer Linie nebeneinander und bleiben am Platz!

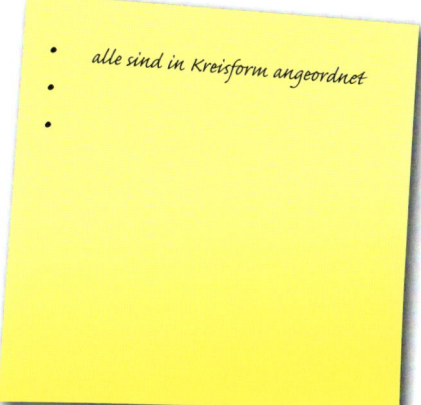
- alle sind in Kreisform angeordnet
-
-

Präsentation der Ergebnisse und Gestaltung zu einem Gesamtablauf in Zeit und Raum:
Nacheinander können die klingenden Bewegungsmuster eingesetzt werden. So entsteht eine tänzerische und klingende Ostinato-Schichtung. Ein besonderes Augenmerk kann der Anordnung im Raum oder den Raumwegen der einzelnen Gruppen gegeben werden. Auftritte und Abgänge können zusätzlich choreographiert werden.

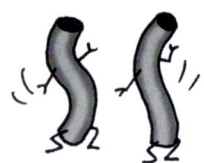

B7 Move the Groove – diatonisch

Alter: 10+
Dauer: >25'

Tanzspiel zu rhythmischen Mustern

c', d', e', f', g', a', h', c" = diatonisches Material, dazu evtl. c, d

Für dieses Spiel wird das vorhandene Material in zwei Depots aufgeteilt. In einem Depot befinden sich die Boomwhacker c', e', g', h' und bilden den Akkord C^{maj7} und im zweiten Depot d', f', a', c", die den Akkord Dm^7 ergeben.
Es werden vier verschiedene Spielertypen gebildet:

Gruppe C^{maj7}
Spieler 1 mit c' und e' (= Gruppe 1)
Spieler 2 mit g' und h' (= Gruppe 3)

Gruppe Dm^7
Spieler 3 mit d' und f' (= Gruppe 2)
Spieler 4 mit a' und c"(= Gruppe 4)

Warm-Up-Phase:
Die leitende Person spielt mit einer Gitarre oder mit den Bassboomwhackern c und d folgenden Ablauf:

4/4-Takt: ‖: C^{maj7} / C^{maj7} / Dm^7 / Dm^7 :‖

Die Spielenden der beiden Akkordgruppen improvisieren mit ihren je zwei Boomwhackern immer dann, wenn ihr Akkord oder ihr Grundton erklingt. In den zwei Takten, in denen der jeweilige andere Akkord erklingt, tanzen sie „stumm".

Explorationsphase:
Nun sollen die Spieler ausprobieren, sich während des rhythmischen Spiels auch tänzerisch zu bewegen.

Gruppenarbeitsphase:
Entsprechend der Spielertypen bilden sich vier Kleingruppen, das heißt alle Spielenden des Typs 1 bilden eine Gruppe usw. In den Gruppen erarbeiten sie ein gemeinsames klingendes Muster mit Rhythmus und Tanz und ein zweites tänzerisches „stummes" Muster mit gleicher Phrasenlänge.

Präsentation der Ergebnisse und Gestaltung zu einem Gesamtablauf in Zeit und Raum:
Dabei können sich die Gruppen 1 und 2 sowie 3 und 4 z.B. auf zwei Linien gegenüberstehen. Die leitende Person kann sich, mit einem Cajon oder einer Trommel bestückt, an der Seite zwischen den Linien einfinden und einen Groove vorgeben. Zuerst zeigt Gruppe 1 ihre klingende Gestaltung. Nach 2 Takten steigt die gegenüberstehende Gruppe 3 mit ihrer klingenden Gestaltung ein, während Gruppe 1 ihre „stumme" Tanzgestaltung darbietet. Dann steigt Gruppe 2 und dann Gruppe 4 ein. Nun groovt der ganze Saal.

Variation mit Gesang und Lied
10+

Je nach Erfahrung der Gruppe gelingt manchmal noch der Einsatz von Gesang durch einfaches Anstimmen der Akkord-Töne oder eine freie Improvisation über dem Groove. Dies kann auch zu einer fixierten Gestaltung führen.

Nachfolgend ein Beispiel für einen Refrain:

Stephan Uhr / Michel Widmer

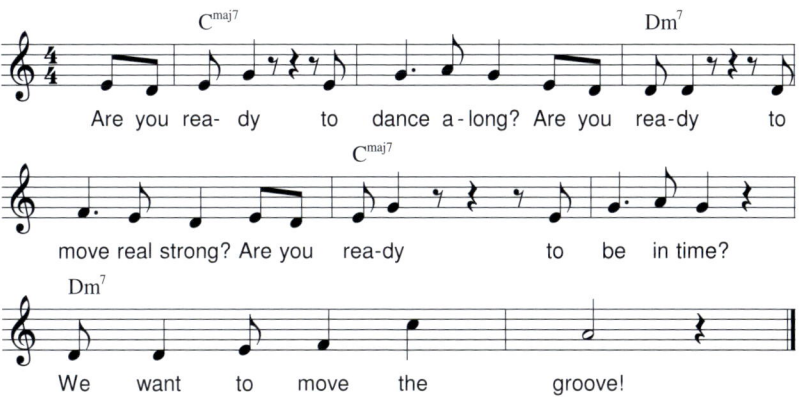

Es können auch Textelemente erfunden und typische Songstrukturen (z.B. Strophe, Refrain, Solo, Intro, Outro, Fade Out ...) addiert werden.

Tipp: Für eine Performance vor Publikum kann auch in zwei Linien nebeneinander gespielt werden. Durch Hinzunehmen seitlicher Schritte können sich die Linien auch vor- oder hintereinander schieben, und es können interessante Bühnenauf- und -abgänge entwickelt werden.

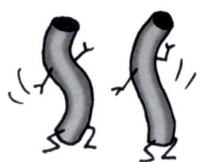

B8 Boomwhacker-Psychedelic

Alter: 10+
Dauer: >40'

Händetanz zur Boomwhacker-Begleitung

Material: e, h, c', d', e' (2-mal), fis', g' (2-mal), h'
9 Egg-Shaker (Rassel in Eiform), die durch einen Boomwhacker rutschen können

10 Spielende sind die Band, alle weiteren Spielenden bilden eine Tanzgruppe.

Band:
Der Basston e wird von einer Person im Metrum (wie ein Orgelpunkt) durchgehend gespielt. Alle anderen Bandmitglieder stecken in ihre Boomwhacker einen Egg-Shaker und spielen sie mit der Technik des „Phasing Shaker" (siehe „Erweiterte Spieltechniken", S. 19).
Die Band spielt in moderatem Tempo die Kadenz wie folgt:

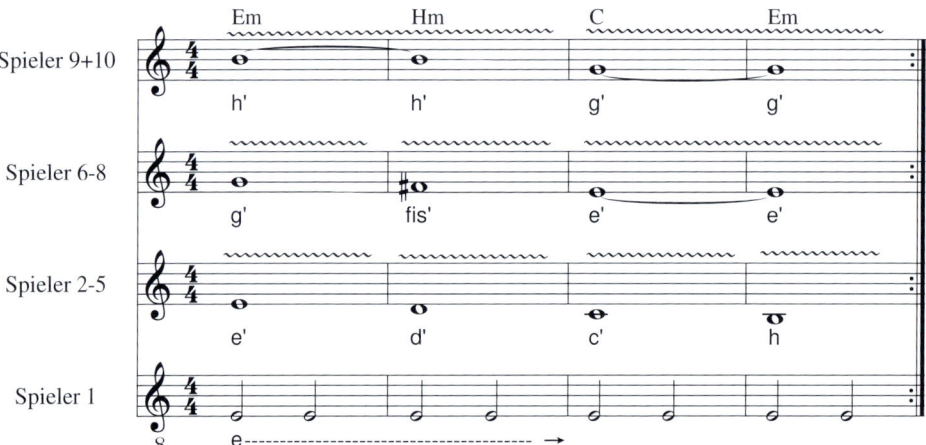

Durch die gewählte Spieltechnik entsteht ein „Phasing Sound", der seit den 60er Jahren ein prägendes Element des Sounds der „Psychedelic Music" ist.

Tanzgruppe:
Die weiteren Spielenden bilden nun eine Tanzgruppe. Dem weichen Klangbild der Boomwhacker können fließende Bewegungen entsprechen. Wir schlagen hier ein Modell zum Einsatz der Hände vor.
Der Stimmenverlauf wird innerhalb der Kadenz tiefer. Dadurch haben die Klänge eine absteigende Wirkung, die sich auf die Bewegung übertragen lässt. Die Tanzenden stellen sich nebeneinander in einer Linie auf und entwickeln mit den Händen auf verschiedenen Ebenen einen Handtanz:

1. Harmonie (Em): Hände über dem Kopf

2. Harmonie (Hm): Hände auf Schulterhöhe

 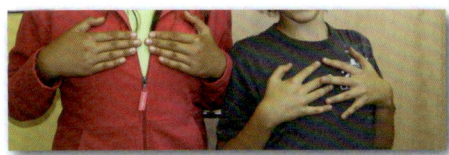

 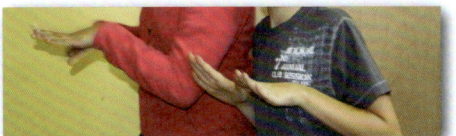

3. Harmonie (C): Hände auf Hüfthöhe

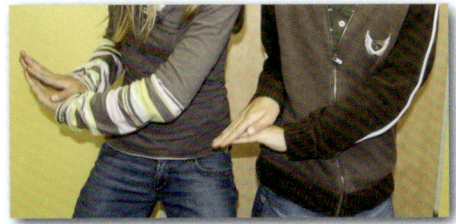 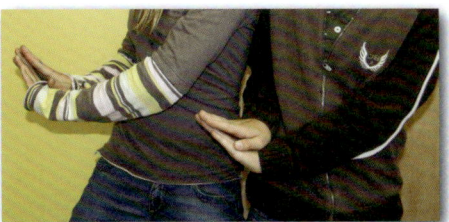

4. Harmonie (Em): Hände vor den Knien

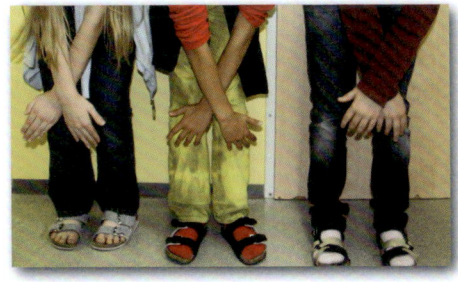 

Die Bewegungen für die einzelnen Ebenen werden in Kleingruppen erarbeitet.

Variation „Raumwege" 10+

Die Tanzgruppe erweitert ihre Möglichkeiten, indem sie sich zusätzlich zum Handtanz im Raum bewegt, z.B. in Diagonalen, Kreisen, Linien, ...
Aus den Raumwegen heraus bietet sich eine erweiterte Choreographie an, bei der planvolle Raumwege, chorische und solistische Bewegungen, variables Tempo etc. eingesetzt werden.

Tipp:
- Eindrucksvoll wirkt ein Tanz mit farbigen Handschuhen.
- Beeindruckend ist eine Präsentation mit weißen Handschuhen im Schwarzlicht.

Variation „Bluesy Hands" 10+

Zusätzlich zu einer Handtanz-Choreographie erhält eine Person die Möglichkeit zur musikalischen Improvisation über eine E-Blues-Skala (e', g', a', b', h', d', e').
Dazu eignet sich die Technik des „Boomwhacker-Xylophons". Das bedeutet, dass die Boomwhacker auf ein weiches Handtuch gelegt werden und zwischen den Boomwhackern das Handtuch jeweils leicht hochgezogen wird. Die Boomwhacker können nun mit Filzschlägeln gespielt werden (siehe „Erweiterte Spieltechniken", S. 18).

Zusätzliche Ideen für weitergehende Gestaltungen:
- „Call and Response" für zwei Solisten
- Wechsel zwischen Tutti und Solo
- Für besonders Erfahrene: Der Solist reagiert mit dem Solo auf das Tanzgeschehen
-
-

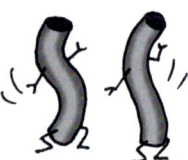

B9 Treffen der Außerirdischen

Alter: 10+
Dauer: >40'

Entwickeln von Bewegungsmustern mit eigener Musik

c', d', e', g', a', c" = pentatonisches Material mit und ohne Basskappen
je TN 2 Boomwhacker

Explorationsphase:
Alle verteilen sich im Raum. Sie sind Außerirdische von verschiedenen Planeten und haben ein intergalaktisches Treffen. In dieser Phase versuchen sie sich auf unterschiedlichste Art wie Außerirdische zu bewegen.

Gruppenarbeitsphase 1:
Nach dem Explorieren werden den Spielenden Arbeitsaufträge für Kleingruppen vorgestellt, in die sie die soeben gemachten Erfahrungen einbringen können, z.B.:

Aufträge zu den Raumebenen „hoch – tief"
- Die Lebewesen des Planeten XY22 bewegen sich mit den Boomwhackern nahe am Boden, weil es nur dort ausreichend Sauerstoff gibt.
- Im Sternbild des großen Dreiecks leben Geschöpfe, die sich aufrecht bewegen. Die Boomwhacker befinden sich bei ihnen immer über Schulterhöhe.

- Der Komet Kalle Hop befindet sich in Erdnähe. Deswegen müssen die dortigen Lebewesen durch blitzschnelles Ducken oder Springen den vorbeirasenden Teilen aus Weltraumschrott ausweichen.
-
-
-

Aufträge zu den Körperebenen „frontal – sagittal" (vertikal schmal und gestreckt)
- Auf dem Kometen Frontalus89 haben die Bewohner eine sehr breite Haltung, damit sie genügend Nahrung aus ihrer Atmosphäre aufnehmen können. Sie können sich nur seitwärts bewegen.
- Die Bewohner auf dem Planeten Sagittarius sind sehr schmal und groß und können sich mit ihren Boomwhackern nur vorwärts oder rückwärts bewegen. Da sie schlecht sehen, können die Boomwhacker als Tastorgane verwendet werden.

- was noch?
-
-
-

Michel Widmer und Stephan Uhr TOLLES ROHR © Fidula

Aufträge zur Körpererfahrung durch ungewöhnliche Arten der Bewegung
- Die Bewohner des Planeten Doppelmond bewegen sich auf vier langen Extremitäten (zusätzlich zu den Beinen zwei lange Boomwhacker mit den Händen führen!).
- Die Bewohner der Galaxie Nebelstraße haben lange und bewegliche Riechorgane, um der Gefahr tödlicher Gase zu entgehen.
- parallele Bewegungen auf der Zwillings-Milchstraße

Symmetrie-Asymmetrie ...
geometrische Formen darstellen ...

Danach treffen sich die Gruppen und die Abordnungen der verschiedenen Planeten zu einer intergalaktischen Konferenz und stellen sich nacheinander vor.
In einer gemeinsamen Reflexion wird über die Beiträge gesprochen, Positives hervorgehoben und Vorschläge zur Verbesserung der Bewegungsqualität gemacht. In einer erneuten Runde könnten die eigenen Beiträge überarbeitet werden.

Gruppenarbeitsphase 2:
Beim intergalaktischen Treffen wird auch die Musik der Gruppen vorgestellt. Jede Gruppe soll in ihrem jeweils erarbeiteten Bewegungsmuster die Boomwhacker für Töne und Geräusche verwenden, um die „typische" Musik des jeweiligen Herkunftsortes zum Klingen zu bringen. Der Einsatz der Stimme kann das Klangbild „intergalaktisch" bereichern.

Schlussgestaltung:
Die Gruppen treffen sich zum intergalaktischen Konzert. Eine Gruppe bewegt sich in ihrer typischen Art und Weise auf die Bühne und präsentiert ihre musikalische Gestaltung. Nach exorbitalem Applaus verlässt sie die Bühne, und die nächste Gruppe stellt sich vor. Am Ende gibt es eine improvisierte Verabschiedung aller Beteiligten, bevor sie das Geschehen in alle Himmelsrichtungen verlassen.

B10 Samba Dança e Drama

Alter: 10+
Dauer: >30'

Latin-Rhythmen mit Boomwhacker spielen, kombiniert mit Bewegungs-, Darstellungs- und Tanzaufgaben
c', d', e', g', a', c" = pentatonisches Material mit und ohne Basskappen
je TN 1 oder 2 Boomwhacker

In diesem Spiel greifen wir auf die Vorerfahrungen aus Spiel R16 „Boomwhacker-Samba" (S. 69) zurück.
Ein Samba mit einer Phrasenlänge von vier Mustern bildet die Grundlage des Spiels. Richtwert ist die Länge eines zweitaktigen Musters (z.B. das Agogo-Muster bei R16 „Muster A").
Anstatt des vierten Musters spielen alle nur das Metrum oder auch eines der zweitaktigen Breaks (beachte: solange wie einmal Muster A), wie in der ersten Phase des Spieles R16 beschrieben.

Zu den einzelnen Teilen werden nun Bewegungsimpulse von der leitenden Person gegeben. Auch die Entwicklung von Aufgaben durch die spielende Gruppe ist möglich.
Aus den Ergebnissen können durch Wiederholung und Vertiefung Choreographien erarbeitet werden.

Bewegungsaufgaben:

Aufgaben für 3x Muster A	Aufgaben für Metrum/Break
– frei im Raum bewegen*	– Freeze (= einfrieren)* oder – Slowmotion (= Zeitlupe) oder – Highspeed (= Zeitraffer)
– gehen und im Off-Beat klatschen	– mit den Füßen Rhythmen am Boden gestalten
– nur einen bestimmten Körperteil bewegen*	– Freeze und Auswahl des nächsten führenden Körperteils*
– Ein Körperteil führt den Tanz (z.B. Hand, Fuß, Bauch, Rücken, …), der weitere Körper folgt nach.	– Freeze und Auswahl des nächsten führenden Körperteils*

- gehen variieren (z.B. vorwärts, seitwärts, rückwärts, halbes Tempo oder doppeltes Tempo usw.), am Ende vor einer Person stehen bleiben	- sich auf verschiedene Art und Weise begrüßen, z.B. Händeschütteln, wie in Japan, wie am Hofe des Königs, als alten Freund oder als Tier, z.B. Hund, Katze, Schlange ...
- Die Hälfte bleibt stehen, die andere Hälfte tanzt um die Stehenden herum.	- Freeze und Wechsel der Aufgaben
- sich mit bestimmtem emotionalem Ausdruck durch den Raum bewegen (z.B. traurig, freudig, gelangweilt, ...)	- Alle versammeln sich zum Standbild mit speziellem Thema (z.B. Zuruf: Torjubel, auf den Bus warten, alle schauen fern, ...).
- Zwei Personen stehen einander gegenüber, eine bewegt sich vorwärts und die andere rückwärts.	- Wechsel im „Führen und Folgen"
- per Augenkontakt einen neuen Partner suchen	- auf Zuruf ein Standbild einnehmen, z.B. alte Freunde treffen sich, ein Boxkampf, Walzer tanzen ...
- B wird Schatten von A und imitiert die Bewegungen*	- Wechsel im „Führen und Folgen"
- B wird Spiegel von A und imitiert die Bewegungen*	- Wechsel im „Führen und Folgen"
- tanzen, am Ende vor einer Person stehen bleiben	- den Partner oder die Partnerin mit Bodypercussion begrüßen
- Alle imitieren eine Person.*	- Freeze; leitende Person ruft den Namen der als nächstes zu imitierenden Person - Variation: das vormachende Kind ruft den Namen des nächsten Kindes, dessen Bewegungen imitiert werden
- 4 oder mehr Personen tanzen in einer Schlange.	- Führungswechsel, die Person am Kopf der Schlange geht nach hinten.

- 4 Personen stellen sich in Diamantform auf. Alle schauen in die gleiche Richtung. Die Person A, die in der Blickrichtung vorne steht, führt die Tanzgruppe an.	- Drehung von A um 90° oder 180°, alle drehen sich mit, und damit Führungswechsel zu B, C oder D
	
	      C
	B D
	      A
	      ↓

Die mit * gekennzeichneten Spielimpulse und Bewegungsideen entstammen dem Kapitel „Pausensamba" von Ulrike Meyerholz und Susi Reichle-Ernst in: Einfach lostanzen, Zytglogge Verlag, Bern 1992 (Abdruck mit freundlicher Erlaubnis der Autorinnen).

- Zu den Mustern A mit Boomwhacker tanzen und zum Metrum/Break Rhythmen improvisieren
- Zu A Boomwhacker rollen oder am Boden spielen und zum Metrum/Break in die Luft werfen und auffangen
- Zum Metrum/Break Boomwhacker per Wurf tauschen

Tipp: Die Bewegungsaufgaben können auch mit einem oder zwei Boomwhackern pro Person variiert werden. Dadurch können neue Spielideen entstehen.

B11 Funky-Whacky-Beat-Kanon

Alter: 10+
Dauer: >30'

Bewegungskanon mit Boomwhacker-Spiel, vielfältige rhythmische und tänzerische Gestaltungsmöglichkeiten
c, a, g, c', d', e', g', a', c''
je TN 1 oder 2 Boomwhacker

Alle lernen die zwei Gesangszeilen.
Für die erste Zeile des Kanons ordnen sich die Spielenden nach Farbgruppen (grün = g', violett = a', gelb = e' und rot = c'').
Die Spielleitung teilt den Farbgruppen verschiedene Patterns zu, die mit der Phrasenlänge einer Gesangsphrase übereinstimmen.
Steht mehr Zeit zur Verfügung, können die Kleingruppen jeweils ein eigenes rhythmisches Pattern entwickeln.

Michel Widmer und Stephan Uhr TOLLES ROHR © Fidula

- In der ersten Zeile des Kanons spielt jede Gruppe ihr Pattern zweimal. Beim ersten Einüben mit allen Gruppen zugleich, d.h. alle Patterns erklingen gleichzeitig.
- In der zweiten Zeile wird gesungen und sich tänzerisch nach vorne bewegt. Mit dem Boomwhacker können noch rhythmische Akzente zum Gesang gesetzt werden.
- In der dritten Zeile wird wiederum gesungen und sich tänzerisch wieder zurück zum Ausgangspunkt bewegt. Auch hierbei können rhythmische Akzente mit dem Boomwhacker gesetzt werden
- In der vierten Zeile dürfen alle improvisierend tanzen und dazu mit den Boomwhackern rhythmisch improvisieren. Es kann auch in der Kleingruppenarbeit eine Gestaltung für diese Zeile entwickelt werden.

Setzen alle Gruppen nacheinander ein, ergeben sich interessante Überlagerungen der Klänge und Bewegungsmotive.

Variation mit Boomwhacker-Band in der Mitte   10+

In der Mitte befindet sich die Boomwhacker-Band, die eine Drumset-Figur und die beiden gesungenen Melodien plus evtl. weitere Latin-Rhythmen (vgl. R16, S. 69) spielt.
Die vier Gruppen außen spielen die Band an, gehen wie oben beschrieben auf sie zu usw.

Die Zeilen 2 und 3 sind der besseren Lesbarkeit wegen eine Oktave höher notiert als sie klingen!

- Spielertyp 1 (für die ersten beiden Zeilen) schlägt den Bassboomwhacker c mit Basskappe als Stampfrohr und den Boomwhacker c" an (vgl. auch „Grundlegende Spieltechniken", S. 17, und Ha6 „Rockkonzert", S. 150).
- Spielertyp 2 schlägt a und g (also jeweils mit Basskappe) an.
- Spielertyp 3 schlägt c' und d' an.

B12 Zirkus spielen

Alter: 6+
Dauer: >40'

Zirkus als Impuls für Verklanglichung, Bewegung und Bewegungsbegleitung, Liedbegleitung und Darstellung

In diesem Spiel wird ein Zirkuslied vorgestellt, das als roter Faden durch eine Zirkusstunde oder ein längeres Zirkusprojekt mit Aufführung dienen kann.
Der Refrain des Liedes kann auch als Einmarschmusik in die Arena gespielt werden.
Die Strophen regen dazu an, den gesungenen Text spontan darzustellen und sich dazu zu bewegen. Sie können aber auch als Impulse für Gestaltungen mit musikalischen, bewegten und darstellerischen Elementen dienen.
Weitere Strophen können mit und für verschiedene Gruppen gedichtet werden.
Hier werden nur Strophen angeführt, bei deren Präsentation und Gestaltung Boomwhacker sinnvoll zum Einsatz kommen können.

Zi, za, zo, zu, Zirkus in der Stadt!

Stefan Ölke / Michel Widmer

Der Refrain wird gemeinsam gesungen. Sehr gut lässt er sich auch mit Kazoos spielen, welche die Stimme wunderschön verfremden und im Klang an Blasinstrumente erinnern, die ja ein typischer Bestandteil von Zirkusmusik sind.

In die Pausen und zu vereinbarten Zählzeiten können „komische Töne" von Pfeifen, Heulern, Tröten, Flexaton, Wah-Wah-Tube und anderen Effektinstrumenten eingeworfen werden. Dies unterstützt den fröhlichen Charakter des Liedes und hilft, Abläufe zu strukturieren und Wiederholungen durch Wechsel von Klängen interessant zu gestalten.

Der Refrain kann mit Boomwhackern begleitet werden.
Dazu werden vier verschiedene Spielertypen benötigt:
Bassspieler 1 – g' und e' (mit Basskappen)
Bassspieler 2 – a' und d' (mit Basskappen)
Harmoniespieler 3 – g' und a'
Harmoniespieler 4 – h' und c''

Variation – Einzug in die Arena   6+

Die Begleitung und die Melodie des Refrains können auch das Ausgangsmaterial für den Ein- oder Auszug der Zirkusleute sein. Sogar eine Parade zur Bewerbung der folgenden Vorstellung ist so denkbar. Dabei können die Spielpausen der einzelnen Spielenden mit

spontanen oder choreographierten Bewegungen mit den Boomwhackern gefüllt werden. Dazu wird abwechselnd die Melodie gesungen, gepfiffen oder mit den Kazoos gestaltet. Die komischen Klänge gehören hier auch unbedingt dazu!

Die Strophen:

Die Boomwhacker-Begleitung der Strophe kann nur mit den Tönen des Akkordes G-Dur wie in der Begleitung des Refrains oder ad lib. ausgeführt werden.

1. Ein rabenschwarzer Anzug und Zylinderhut,
   das ist Herr Direktor, das steht ihm gut.
2. Die Löwen mit der Mähne, zeigen ihre Zähne,
   springen durch den Reifen und brüllen laut.
3. Was sind das denn für Tiere, groß fast wie ein Haus,
   hört ihr sie trompeten? Elefanten kommen raus!
4. Am Trapez die Menschen fliegen, mutig hoch hinaus,
   hin und her und jetzt ein Salto – hört nur den Applaus!
5. Das Tanzen auf dem Seil ist ja so gefährlich,
   ich hätt' da große Angst, das sag ich ehrlich.
6. Manege frei! Die Pferde – sie kommen jetzt herein!
   Traben, Galoppieren – und Springen, das ist fein!
7. Die Luftballons, die schweben – ganz sachte durch den Raum,
   auf und nieder, rund und bunt, wie ein sanfter Traum!

8. Die Seifenblasen tanzen – federleicht herum,
   erst glitzern sie, dann platzen sie – für unser Publikum.
9. Unser Farborchester hat Musik im Blut,
   jeder spielt nur eine Farbe – zusammen klingt es gut!
10. Unser Farborchester spielt mit bunten Röhren,
    einmal leise und dann laut, der Klang soll uns betören.

Die Textsilben können unterschiedlich auf die Noten verteilt werden. Hier einige Vorschläge:

Allgemeine musikalische Gestaltungsvorschläge zu den Strophen:

- Trommelwirbel können mit je zwei gleichen Boomwhackern in den Händen oder mit einer anderen Wirbeltechnik ausgeführt werden. Wichtig ist dabei die dynamische Steigerung. Es kann auch eine harmonische Steigerung geben, indem z.B. zuerst der Grundton und dann der dritte Ton der Tonleiter (Terz) und dann der fünfte Ton (Quinte) und evtl. noch ein anderer Ton hinzugenommen werden, z.B. c', e', g', h'. Mit den Tönen wird gewirbelt, so dass nach und nach ein Akkord aufgebaut wird.
- Schritte der auftretenden Tiere oder Personen können mit den Boomwhackern mitgespielt werden, z.B. die verschiedenen Fortbewegungsarten der Pferde. Es können auch besondere Bewegungsmomente klanglich unterstützt werden, z.B. schwebende Luftballons oder Seifenblasen, der Moment des Anstoßens der Luftballons u.Ä.
- Kleine rhythmische Ein- oder Zweitonmotive, bis zu kleinen, von Gruppen gestalteten musikalischen Miniaturen, die einen besonderen szenischen Moment oder eine auftretende Person musikalisch charakterisieren.

Spezielle Gestaltungsvorschläge zu den Strophen:

- Elefanten: Pro Elefant begleitet eine Person mit Boomwhackern die Schritte. Wenn die Elefanten ihre Rüssel heben und trompeten, dann sollen sie stehen, damit die musizierenden Partner durch die Röhren rufen können – auch hier eignen sich Kazoos hervorragend. Es kann eine Bewegungschoreographie der Elefanten musikalisch unterstützt werden, indem die Musizierenden z.B. mit einem zweiten Boomwhacker anderer Farbe ergänzende Rhythmen zum Spiel der Schritte hinzufügen.

- Trapez: Die Akteure können eine Trapeznummer am Boden darstellen. Sie „fliegen" durch die Lüfte, indem sie hin- und herlaufen und mit beiden Händen einen Boomwhacker wie eine Trapezstange vor sich halten. Dabei können sie die sich verändernden Tempi des Hin- und Herschwingens und die Höhenunterschiede der Trapezbewegung imitieren. Das Wechseln der Richtung, das Loslassen und erneute Festhalten der Stange kann mit den dazugehörigen Drehungen und Saltos auch am Boden dargestellt werden. Diese Darstellungsweise beinhaltet viele Möglichkeiten für Komik, und es lassen sich auch „unmögliche" Nummernelemente einbauen.

- Seiltanzen: Hier eignen sich die Trommelwirbel besonders gut. Aber auch das Aufsteigen auf das Seil lässt sich durch melodisch ansteigendes Boomwhacker-Spiel vertonen. Durch die Röhren können die Ängste der Zuschauer oder der Seiltänzer geflüstert oder gesungen werden. Die dabei entstehende Verfremdung hat einen spannenden Effekt. Bassboomwhacker können als Balancierstangen eingesetzt werden.
  Beispiele: Hui, ist das hoch!   Hui, ist das hoch! ...
  Niemals runterschauen!   Niemals runterschauen! ...
  KON-   ZEN-   TRA-   TION! ...

- Pferde: Die Bewegungsarten Schritt, Trab, Galopp und Springen können vertont werden. Wie bei der Elefantennummer werden kleine Rhythmen, Zweiton-Motive oder Wirbel zur Begleitung der Choreographie verwendet.

- Luftballon: Mit Boomwhackern werden Luftballons balanciert, in die Luft geschubst und sanft wieder aufgefangen. Der Flug der Ballons kann durch alle Arten von leisen Wirbeln vertont werden. Die Kontakte der Ballons mit den Boomwhackern können extra mit Boomwhacker-Klängen unterstützt werden. Es sieht besonders schön aus, wenn Boomwhacker und Ballon die gleiche Farbe haben.

- Seifenblasen: Mit Boomwhackern kann eine zarte und leise Musik einstudiert oder improvisiert werden. Anblaswirbel eignen sich besonders. Die Seifenblasenflüssigkeit kann auch mit dem Boomwhacker aufgenommen werden, es bildet sich dann an einem Ende eine Seifenblasenhaut, die durch sanftes Einblasen von Luft am anderen Ende zur Seifenblase wird.

- Orchester: Die oben vorgestellte Boomwhacker-Begleitung kann durch den Einsatz von Bodypercussion, Trommeln und anderen Instrumenten intensiviert werden.

Im Fokus 5: Boomwhacker – fördern sie das Sozialverhalten?

Oft kann man der Aussage begegnen, Musizieren fördere das soziale Verhalten.
Wir versuchen hier einige Gründe für die Feststellung im Allgemeinen und im Besonderen für die positive Wirkung des Einsatzes von Boomwhackern aufzuführen.
Als Grundlage zur Reifung des Sozialverhaltens sieht der Entwicklungspsychologe Rolf Oerter den gemeinsamen Gegenstandsbezug (vgl. 2001, S. 148f). Als Gegenstandsbezug gilt ein Interesse mehrerer Personen an einer Sache, das zumindest für eine gewisse Zeit den Anlass für eine Gruppenbildung liefert und somit die Grundlage für eine Interaktion bildet. In der Musik sind Instrumente, aber auch oft die Musik selbst der gemeinsame Gegenstandsbezug.
So ergeben sich z.B. bei Antwortspielen (z.B. Spiele R5, R7, R12, Ha1, Ha6) oder Verklanglichungen (Spiele V1-V7, ab S. 77) intensive kommunikative Prozesse.
Aus unserer Arbeit wissen wir, dass Kinder und Jugendliche, die wiederholt nicht zur Einhaltung von Gesprächsregeln oder Regeln des Miteinanders in der Lage waren, über den Umgang mit kreativen Boomwhacker-Spielen oft auch anspruchsvolle Regeln der Kommunikation anerkennen. Dies erwähnt auch Oerter: „Über Musik kann noch kommuniziert werden, wenn andere Wege verschlossen sind" (Oerter, 2001, S. 149).

Das Phänomen des gemeinsamen Gegenstandbezuges trägt zur Gruppenintegration bei, weil über die starke intrinsische Motivation eventuell störende Konflikte oder Probleme in der Gruppe zeitweise in den Hintergrund treten. Das gemeinsame Erleben und das gemeinsame Ziel verbinden. Ein sich möglicherweise einstellendes Flow-Erlebnis verstärkt wiederum die intrinsische Motivation. Als Flow versteht man ein emotionales Versinken im Spiel, verbunden mit einem Verlust des Zeitgefühls (vgl. Oerter, 2001, S. 139).
Wir haben die Erfahrung gemacht, dass Klassen und Gruppen im intensiven Boomwhacker-Spiel manchmal die Zeit vergessen und oftmals auch keine Pause machen wollen, um im Gefühl der Freude, der Konzentration und intensiver Aktivierung, eben im Flow, zu verweilen. Das Akzeptieren von Regeln und die Entwicklung von Strategien für das Erreichen gemeinsamer Ziele im Boomwhacker-Spiel können sich positiv auf das Gefühl der Zusammengehörigkeit und das Sozialverhalten in der Gruppe auswirken. Nach Oerter beschleunigen Spiele mit Gegenstandsbezug die Entwicklung der Sozialkompetenz (vgl. Oerter/Montada, 1995, S. 309).

Weil mit Boomwhackern weitgehend ohne Noten mit Musik und Bewegung gespielt werden kann, richtet sich die Aufmerksamkeit ungestört auf das eigene Tun und das Gruppengeschehen. Erfolgserlebnisse sind schnell erfahrbar, weil man nicht erst längere Zeit für sich alleine üben muss, um mitspielen zu können. Deshalb eignen sich Boomwackerspiele für die Verwendung in homogenen und heterogenen Gruppen.

Boomwhacker können zusätzlich eine „fühlbare" Kontaktaufnahme ermöglichen. Nicht nur durch Reden, Zuhören und Miteinander-Musizieren, sondern auch durch gegenseitiges Berühren mit dem Boomwhacker wird ein direkter Kontakt hergestellt. Dabei spielt es keine Rolle, ob Töne erzeugt werden oder eine choreographische Idee verfolgt wird. Das Medium Boomwhacker stellt in diesem Fall zudem eine niederschwellige Möglichkeit dar, andere Personen zu berühren.

Hörspiele

Einführung

Differenziertes Hören ist eine grundlegende Voraussetzung für den kreativen Umgang mit Musik. Mit unseren Spielen möchten wir die Ohren unserer Mitspielenden schulen. Nur durch Hörerfahrungen können Hörerwartungen aufgebaut werden. Da Hörerfahrungen immer individuell sind, hat jeder Mensch bei ein und demselben Musikstück andere Hörerwartungen als andere Menschen. Hören ist somit ein persönlicher Prozess, und durch die eigenen Hörerwartungen bildet man eigene Hörstrategien. Neben der Exploration von Musik und Bewegung bilden Hörerwartungen die Basis für einen individuell planvollen Zugang und Umgang mit Musik. Je vielfältiger Musik ist, die aktiv gehört wird, und je öfter aktiv gehört wird, umso differenzierter werden Hörerfahrungen und Hörerwartungen. Gleichzeitig geht es in unserem Kapitel um Hörschulung. So sollen z.B. verschiedene Tonhöhen voneinander unterschieden und eingeordnet werden können.

- Im Spiel Hö1 „Wie war das?" geht es um das Hören und Nachahmen von Spieltechniken.
- In den Spielen Hö2 „Geordnet wie die Orgelpfeifen", Hö3 „Ochs am Berg", Hö5 „Blindes Schaf" und Hö6 „Partnersuche" steht das Unterscheiden, Erkennen und Vergleichen von Tonhöhen im Vordergrund.
- Das Spiel H4 „Schiffe im Nebel" ist eine Variation der Spielidee „Führen und Folgen", diesmal mit akustischen Signalen.
- Im letzten Spiel Hö7 „Wer war es?" sollen Rhythmusmuster erkannt und bestimmten Personen zugeordnet werden.

Oftmals können die Spielenden ihr Ergebnis selbst kontrollieren. In vielen Spielen bewegen sie sich mit geschlossenen Augen langsam durch den Raum und erleben so einen sich ständig verändernden Klang. Neben einem klanglichen und rhythmischen Hörerlebnis schulen die Spielenden damit ihre gerichtete auditive Wahrnehmung.

Mit Boomwhackern wird im Bereich des Hörens nur ein winziger Teil dessen abgedeckt, was insgesamt unter „Musik hören" verstanden wird. Wir verstehen unsere Spiele als kleinen Beitrag im Bereich der Hörschulung. Die Schulung zum Hören melodischer Strukturen ist mit anderen Mitteln besser zu erreichen.

Hö1 Wie war das?

Alter: 6+
Dauer: >10'

Hören, vorstellen und imitieren

c', d', e', g', a', c'' = pentatonisches Material
je TN 1 Boomwhacker

Alle stehen im Kreis. Ein Kind zeigt durch Hochhalten des Boomwhackers an, dass es eine Spielweise und/oder ein Muster vorstellen will. Alle Spielenden der gleichen Farbe drehen sich nun nach außen, damit sie die präsentierte Spielweise nicht sehen können. Jetzt stellt das Kind seinen Beitrag vor.

Danach drehen sich die Mitspielenden um und versuchen, das vorgegebene unrhythmische Klangspiel oder das rhythmische Muster nachzuvollziehen. Dabei ist auch die Art und Weise des Anschlages, die einen besonderen Klang hervorbringt, wichtig. Denn am Fußboden klingt ein Schlag anders als am Oberschenkel oder nur mit dem Zeigefinger ausgeführt.

Die Beobachtenden (= alle mit den im Moment nicht beteiligten Farben) geben durch Boomwhacker-Applaus oder Boomwhacker-Gebuhe ihr Feedback.

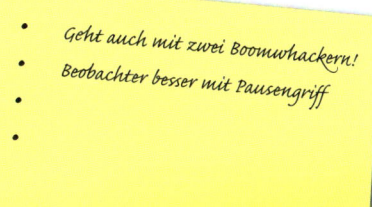

- Geht auch mit zwei Boomwhackern!
- Beobachter besser mit Pausengriff
-
-

Hö2 Geordnet wie die Orgelpfeifen

Alter: 6+
Dauer: >15'

Vergleichen von Tonhöhen

pentatonisches, diatonisches oder chromatisches Material

Spiel für Kleingruppen bis 5 Personen

Mit verbundenen Augen soll ein Kind die vorhandenen auf dem Boden liegenden Boomwhacker der Tonhöhe nach ordnen. Je nach Schwierigkeit kann dafür pentatonisches, diatonisches oder chromatisches Material verwendet werden.

Die anderen Kinder (2-4) unterstützen das „blinde" Kind beim Zureichen, Aufnehmen oder Ablegen der Röhren. Die helfenden Kinder spielen dem „blinden" Kind auf Wunsch immer wieder die bisher erreichte Ordnung der Reihe nach auf- oder absteigend vor. Ist die endgültige Ordnung erreicht, kann sie auch über die Röhrenlänge optisch kontrolliert werden.

Für eine neue Runde erfolgt ein Rollenwechsel.

 Tipp: Eine Decke oder ein großes Handtuch hat sich als Ablage für die Röhren bewährt.

Hö3   Ochs am Berg

Alter: 6+
Dauer: >15'

Erkennen einer bestimmten Tonhöhe

c', d', e', g', a', c" = pentatonisches Material

Die leitende Person befindet sich mit den 6 Boomwhackern eines Spielsatzes auf einer Seite des Raumes. Alle Mitspielenden stehen auf der gegenüberliegenden Seite, wenden sich ab und schauen zur Wand. Die leitende Person wählt eine Tonhöhe aus und spielt deutlich vor, damit sich die Kinder diese Tonhöhe merken können. Danach spielt die leitende Person auf verschiedenen Boomwhackern. Wenn die Kinder die zu Beginn präsentierte Tonhöhe zu erkennen glauben, drehen sie sich um. Liegen sie richtig, dürfen die ersten drei (vier, fünf, ...) Spielenden, die sich umgedreht haben, zwei Schritte vorwärts gehen. Wer sich umdreht und falsch geraten hat, muss zwei Schritte zurück.
Hier ein Beispiel: Es erklingt der Boomwhacker d' – einige Kinder drehen sich um. Der ursprünglich vorgestellte und zu erratende Klang wäre aber c' gewesen. Also müssen alle, die sich bei d' umgedreht haben, zwei Schritte zurück gehen.

Wer zuerst auf der anderen Seite angekommen ist, darf die nächste Runde leiten. Die leitende Person kann unterstützen.

 Tipp: Die Kinder dürfen bei der Vorstellung der Tonhöhe zuschauen und drehen sich erst danach zur Wand. So können sie ihre bereits gemachten Erfahrungen mit der Tonhöhenvorstellung verbinden. Es kann helfen, nach einem falschen Erkennungsversuch die richtige Tonhöhe den Kindern noch einmal durch Vorspielen in Erinnerung zu rufen. Danach geht das Spiel mit einem anderen Ton wieder weiter.

Hö4   Schiffe im Nebel

Alter: 6+
Dauer: >20'

Akustische Signale dienen zum Führen und Folgen
c', d', e', g', a', c" = pentatonisches Material
2 Hütchen oder Stühle zur Markierung der Hafeneinfahrt

Im dichten Nebel suchen Schiffe mit Lotsen den Weg in den sicheren Hafen. Dazu bilden immer zwei Spielende ein Paar, bei dem eine Person mit verbundenen Augen die Rolle des Schiffes übernimmt. Die andere Person im Paar hält einen Boomwhacker und ist der Lotse. Die Paare vereinbaren jeweils ihre akustischen Signale für Gehen und Stoppen und sonstige Hinweise, z.B. einen Schritt zurück gehen oder nach rechts beziehungsweise links ausweichen.
Anschließend wollen alle Paare den Hafen erreichen. Gerade an der Hafeneinfahrt ist äußerste Achtsamkeit geboten, damit kein Unglück passiert.
Sind alle Schiffe im Hafen, werden die Rollen getauscht und neue Signale vereinbart.

Variation „Wechselnde Winde"   8+
Zusätzlich zum Nebel kommen wechselnde Winde auf. Die Wechsel werden von der leitenden Person oder einer Kleingruppe der Spielenden z.B. mit Oceandrum, Thunderdrum, Trommel reiben, Beckenschlag usw. angezeigt. So kann sich ein Sturm entwickeln, bei dem alles viel schneller abläuft und zusätzliche Geräusche von der leitenden Person die Orientierung erschweren. Oder es ist Flaute, und die Schiffe bewegen sich nur in Zeitlupe.

Tipp: Je nach Gruppe kann das Spiel so verändert werden, dass es für die Spielenden interessant bleibt:
- Hafeneinfahrt ändern
- „Untiefen"
- Kein Schiff darf stehen bleiben.
- Signale werden im Schwierigkeitsgrad verändert.
- Lotse spielt mit zwei Boomwhackern.

Hö5   Blindes Schaf

Alter: 6+
Dauer: >10'

Tonhöhen vergleichen

d', e', g', a' und c', d', e', g', a' (in ein- oder mehrfacher Ausführung)
je TN 1 Boomwhacker
c' nur für 1 TN

Alle Kinder haben je einen Boomwhacker mit oder ohne Basskappe und gehen frei im Raum umher. Ein Kind mit verbundenen Augen steckt einen Boomwhacker c' ohne Kappe in eine Tasche seiner Kleidung und versucht, mit seinen Händen ein anderes Kind zu berühren. Gelingt ihm dies, muss das berührte Kind seinen Boomwhacker vorspielen. Das „blinde Schaf" muss erkennen, ob der Stab mit oder ohne Basskappe gespielt wurde. Dazu kann es seinen Boomwhacker zum Vergleichen der Tonhöhe verwenden. Hat es Recht, werden Röhren und Rollen getauscht.
Die leitende Person zeigt ein Ende an.

Variation ohne Vergleichston   8+
Für Erfahrene lässt man den Boomwhacker für das „blinde Schaf" weg.

Variation „Schafe gesucht!"   10+
Mehrere „Schafe" stehen mit geöffneten Augen und ihren Boomwhackern c' (Achtung: Nun mehrere ausgeben!) verteilt im Raum und spielen kurz ihre Röhren an, damit sich alle die Tonhöhe einprägen können. Jetzt gehen die anderen Kinder mit geschlossenen Augen durch den Raum. Berührt ein Kind ein anderes Kind, spielen sie sich ihre Boomwhacker vor. Glaubt ein Kind ein „Schaf" zu erkennen, meckert es kurz und öffnet die Augen zur Kontrolle. War es richtig, werden Röhren und Rollen getauscht. War es falsch,

gibt das „vermeintliche" Schaf dem anderen mit dem Boomwhacker einen leichten Klaps auf den Po.

Tipp: Vorsicht! Raum eingrenzen und Hindernisse entfernen! Die leitende Person kann die oder den „Blinden" bei einer drohenden Kollision mit einem Hindernis durch Zuruf warnen.

Hö6   Partnersuche

Alter: 8+
Dauer: >15'

Spiel zum Unterscheiden von Tonhöhen

c', d', e', g', a', c" = pentatonisches Material, jede Farbe in gerader Anzahl
eine gerade Anzahl von Spielenden mit je 1 Boomwhacker

Jeweils zwei, vier, sechs oder acht Spielende haben den gleichen Ton. In einem großen Raum gehen die Spielenden mit geschlossenen Augen vorsichtig umher. Dabei spielen sie ihren Boomwhacker vor sich in die Hand. Begegnen sie einem Kind mit der gleichen Tonhöhe, rufen sie: „Gefunden!" Daraufhin öffnen sie die Augen und können anhand der Farbe ihren Höreindruck überprüfen. War er richtig, bleiben beide stehen und verhalten sich still. Falls Spielende, die noch suchend unterwegs sind, auf stehende Pärchen zulaufen, werden sie von den Stehenden durch ein kurzzeitiges Signal mit den Boomwhackern gewarnt. Weil mit jedem erfolgreichen Pärchen die Anzahl der Spielenden abnimmt, wird es für die verbliebenen immer leichter. Jede und jeder erreicht dadurch das Ziel.
Vor einer neuen Runde werden die Boomwhacker getauscht.

Variation „Hallo, wo bist du?"   10+
Es gibt nur noch jeweils ein Pärchen in der gleichen Tonhöhe. Das Material kann durch die Verwendung von Basskappen sowie diatonischen und chromatischen Röhren nach Bedarf erweitert werden.

Tipp: Das Spiel sollte mit wenigen Tonhöhen begonnen werden. Bei Wiederholungen kann die Fülle des Tonmaterials gesteigert werden.

Hö7 Wer war es?

Alter: 10+
Dauer: >10'

Erkennen und Wiedererkennen von Mustern

c', d', e', g', a', c" = pentatonisches Material
6 TN mit je 1 Boomwhacker, alle anderen TN ohne Boomwhacker

Alle Kinder stehen im Kreis. Die Kinder mit Boomwhackern entwickeln je ein persönliches Muster über einem geklatschten Metrum der leitenden Person oder einem „Zwei-Finger-Klatschen" der beobachtenden Kinder. Durch unterschiedliche Betonungen sind verschiedene Taktarten möglich.

Die beobachtenden Kinder nehmen die Muster wahr und versuchen, sie sich einzuprägen. Nach einiger Zeit werden sie aufgefordert, die Augen zu schließen. Dann geht eines der Kinder mit Boomwhackern in die Mitte. Dieses wiederholt sein Muster. Die „blinden" Mitspielenden raten anhand des erklingenden Musters die Person und rufen den Namen.
Der Ablauf wird mit einer anderen Person wiederholt.
Wenn drei oder vier Kinder ihr Muster vorgestellt haben, werden die Spieler- und Beobachterrollen neu verteilt.

Variationen für Erfahrene   12+
Es gibt unterschiedliche Wege, die Schwierigkeit zu erhöhen:
- sechs gleiche Tonhöhen (Farben)
- 7-12 Boomwhacker einsetzen
- die Spielenden erhalten zwei Boomwhacker und entwickeln Zweitonmotive
- Aufstellung auch in gegenüberliegenden Linien

Im Fokus 6: Boomwhacker – nicht nur für „Musikprofis"

Boomwhacker verfügen über Eigenschaften, die ungeübten Personen einen spielerischen Zugang zu Musik und Bewegung erleichtern. Dabei fallen zuerst die unterschiedlichen Farben und der motivierende Charakter dieses Instrumentariums auf (vgl. „Im Fokus 1", S. 32). Der leichte und spielerische Zugang zu diesem Instrumentarium führte dazu, dass Boomwhacker in den USA sowohl über den Spielwarenhandel als auch über den Musikalienhandel vertrieben werden.
Nicht nur für Anfänger sind Phasen der Exploration immer wieder ein Anlass, Techniken zu entwickeln und zu erweitern. Können Spielende keine Noten lesen, gibt es eine Vielzahl von Spielen, die ohne sie auskommen. Auch Ostinato-Spiele sind leicht durchführbar.
Durch die Auswahl eines pentatonischen Tonraums können Boomwhacker nur als perkussive Instrumente verwendet werden, bei denen die Tonhöhe nicht die Hauptrolle spielt.
Spiele ohne Metrum können unerfahrenen Personen angeboten werden. Mit der Zeit lassen sich Spiele mit Metrum hinzufügen. Aber auch für erfahrene Musizierende sind Spiele mit Boomwhackern interessant. Besonders zu nennen sind dabei Harmoniespiele, Spiele mit Bewegung und komplexe Rhythmusspiele. Vor allem beim Spiel mit zwei oder mehr Boomwhackern pro Person (vgl. „Erweiterte Spieltechniken": Living Keyboard, Boomwhacker-Xylophon, S. 18) oder in einer Improvisation über festgelegte Harmonien können auch geübte Musiker neue musikalische Erfahrungen machen.
Selbst in äußerst heterogenen Gruppen sind Boomwhacker verwendbar, wenn Spiele ausgesucht werden, die unterschiedliche Schwierigkeitsstufen zulassen. Die Kooperation am gemeinsamen Gegenstand (vgl. „Im Fokus 5", S. 121) mit individualisierenden Aufgaben ist ein Hauptaspekt bei der Arbeit mit integrativen Gruppen. In einem Spiel erhalten oder wählen alle Spielenden eine ihnen gemäße Aufgabe. Möglichkeiten zur Individualisierung bieten viele Spiele mit improvisatorischen Elementen.

In einem Ensemblespiel erfordern die üblicherweise verwendeten Instrumente eine entwickelte Spieltechnik, die im Gegensatz dazu beim gemeinsamen Boomwhacker-Spiel kaum erforderlich ist. Somit ermöglicht es auch Menschen ohne Instrumentaltechnik das Erlebnis des Ensemblespiels. Natürlich sind die unterschiedlichen Registerklänge gängiger Ensembles mit Boomwhackern nicht realisierbar, trotzdem können wesentliche Merkmale erkennbar gemacht werden.
Auch für leitende Personen bieten Boomwhacker durch ihren Einsatz bei perkussiv, melodisch oder harmonisch orientierten Spielen Möglichkeiten zur Differenzierung und Individualisierung. Schon mit relativ kurzen Fortbildungen können Personen, die solchen musikalischen Leitungsaufgaben eher ängstlich gegenüberstehen, Beispiele für vorrhythmische und metrisch-perkussive Spiele an die Hand gegeben werden, die sie erfolgreich mit ihren Gruppen erleben können. Für „Musikprofis" dienen diese Spiele als Modelle zur Adaption oder Weiterentwicklung. Andere Spiele geben Impulse für erweiterte Verwendungsmöglichkeiten von Boomwhackern, z.B. aus dem Bereich der Harmoniespiele oder Bewegungsspiele.
Somit sind Boomwhacker ein Instrumentarium, das sowohl für leitende wie spielende Personen Möglichkeiten zur individuellen Verwendung bereithält.

Für Ihre weiteren persönlichen Ideen und Notizen:

Spiele mit Harmonien

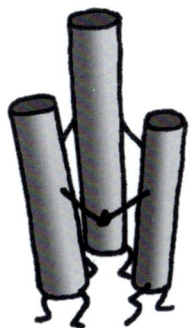

Einführung

In Europa entwickelte sich mit dem Barock die Homophonie, d.h. dass die Linie der einzelnen Stimme dem Gesamtklang untergeordnet wurde. Im Laufe der Zeit entstand ein Harmoniegeflecht mit vielfältigen Beziehungen und wirkungsvollen Anwendungen. Die Harmonien, die meist aus übereinandergeschichteten Terzen bestanden, erfuhren in den folgenden Epochen und Stilen unterschiedliche Ausprägungen. Mit der Entstehung des Jazz, der eine wichtige Grundlage für die heutige populäre Musik ist, wurde das Prinzip der Terzschichtung mit der Verwendung zusätzlicher Farbtöne durchbrochen.

Um mit Harmonien sicher umgehen zu können, benötigt man das Wissen um deren Konstruktions- und Verbindungsmöglichkeiten und vielfältige Hörerfahrungen.

Durch Hörerfahrungen kann man einen Harmoniewechsel erkennen und verschiedene Töne Harmonien als passend zuordnen.

In den meisten Spielen setzen wir bei der leitenden Person Harmoniekenntnisse voraus und unterstützen diese mit Notenbeispielen und Hinweisen. Für „Harmonieanfänger" eignen sich die Spiele Ha1, Ha4 und Ha5. In Ha9 können Harmonieanfänger auch einfache Akkordverbindungen finden und die Einzeltöne der Akkorde nachlesen.

Alle Menschen verfügen über verschiedenartige Hörerfahrungen, häufig aus den Bereichen populäre Musik, Volksmusik und teilweise klassischer Musik. Teil dieser Hörerfahrungen sind Harmonieverbindungen. Ziele dieses Kapitels sind die Stabilisierung, die Erweiterung und die Umsetzung dieser Hörerfahrungen im Spiel, z.B. durch Erkennen des Harmoniewechsels, um dann mit seinem Boomwhacker bei der richtigen Harmonie mitzuspielen.

- Im Spiel Ha1 „Boomwhacker-Gangs" erfolgt ein Wechsel zweier Harmonien. Die Spielenden improvisieren Zweitonmotive innerhalb einer Harmonie.
- Eine oft verwendete Harmonieabfolge ist Grundlage des Spieles Ha2 „Quod libet – 1625".
- Über das klassische Bluesschema wird im Spiel Ha3 „Tube Blues" eine einfache Melodie gespielt. Im Verlauf ergänzen improvisatorische Elemente den Ablauf.
- Im Spiel Ha4 „Flipflop pentatonisch" wechselt das gemeinsame Spiel zu einer Harmonie mit einer Soloimprovisation in einer ungewöhnlichen Spieltechnik. Diese Idee wird im Spiel Ha5 „Flipflop harmonisch" übernommen und erweitert.
- Das Spiel Ha6 „Rockkonzert" basiert auf dem rhythmisierten Spiel einer Harmonie. Darüber singen oder rufen die Teilnehmenden nach dem Call-and-Response-Prinzip.
- Eine kurze Form im Reggae-Rhythmus wird im Spiel Ha7 „Boomwhacker-Reggae – Plastic Boombastic" erarbeitet. Dazu wird melodisch improvisiert.
- Im Spiel Ha8 „Malagueña" wird aus verschiedenen Mustern eine andalusische Malagueña-Kadenz erarbeitet. Auf unterschiedliche Weise kann zeitgleich improvisiert werden.

- In einem Harmoniebaukasten (Ha9) schlagen wir Akkordverbindungen vor, die sich im Spiel mit Boomwhackern bewährt haben. Hier werden auch die Einzeltöne der Akkorde angeführt, und wir schlagen Möglichkeiten vor, wie die Boomwacker auf die Spielenden aufgeteilt werden können. Ähnlich wie beim Gitarrenakkordspiel können mit Boomwhackern die harmonielehretechnischen Regeln einer Kadenzierung nicht immer eingehalten werden, und es treten Parallelen und Rückungen auf.

Ha1 Boomwhacker-Gangs

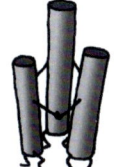

Alter: 8+
Dauer: >30'

Zweitonmotive improvisieren

c', d', e', f', g', a', h', c" = diatonisches Material
c und d (jeweils 2-mal) = Bassboomwhacker mit Basskappe

Für dieses Spiel wird das vorhandene Material in zwei Depots aufgeteilt. In einem Depot befinden sich die Boomwhacker mit den Tönen c', e', g', h' und bilden den Akkord C^{maj7} und im zweiten Depot d', f', a', c", die den Akkord Dm^7 ergeben.
Jede mitspielende Person soll sich nun aus einem Depot zwei Boomwhacker unterschiedlicher Tonhöhe nehmen.

Erste Phase „musikalischer Ablauf":
Die Spielenden stehen sich nach den Akkorden aufgeteilt in zwei Linien gegenüber. An der Stirnseite zwischen den Linien befinden sich zwei Spielende mit Bassboomwhackern. Ein Kind hat zwei Bassstäbe c, das andere zwei Bassstäbe d, die sie als Stampfrohre spielen.

Tipp: Beim Aufstampfen immer Teppichfliesen o.Ä. als Unterlage benutzen. Der Klang der Bassstäbe auf hartem Untergrund ist wenig befriedigend.

Die Kinder an den Bassstäben bilden das rhythmische und harmonische Fundament, indem sie abwechselnd je zwei 4/4-Takte mit Grundschlägen ausfüllen.

4/4-Takt ‖: C^{maj7} / C^{maj7} / Dm^7 / Dm^7 :‖

Die Spielenden des C^{maj7}-Akkordes improvisieren mit ihren Boomwhackern immer dann, wenn ihr Bassspieler spielt. Die Teilnehmenden mit Dm^7 folgen im Wechsel. Hat sich die Form stabilisiert, dürfen auch die Bassspieler improvisieren.

Zweite Phase „szenischer Ablauf":
Wenn die musikalische Aufgabe von der Gruppe gemeistert wird, führt die leitende Person die Idee zur Darstellung zweier rivalisierender Gangs ein. Die zwei Gruppen stellen je eine Gang dar. Die Linien treten sich nun in einem verkürzten Abstand gegenüber. Dabei hat jeder Spielende ein direktes Gegenüber, dem er mit seiner Spielweise imponieren will. Die spielende Linie bewegt sich vorwärts und die gerade nicht spielende Linie weicht zurück. Mit jedem Harmoniewechsel gibt es einen Richtungswechsel.

Dritte Phase „szenischer Ablauf mit Solisten":
Die Linien bilden Halbkreise, die sich zum Kreis ergänzen und auf diese Art eine Arena bilden. Die Spielweise soll in dieser Phase möglichst leise und gleichmäßig sein, z.B. leises Pulsieren oder Anblasen der Boomwhacker. Jede Gang bestimmt eine stellvertretende Person und schickt diese in die Arena, es kommt zum Schaukampf. Das Vor- und Zurückweichen der zweiten Phase findet jetzt nur noch in der Kreismitte statt. Die zwei Spielenden in der Mitte versuchen, das Gegenüber durch ihre improvisierte Spielweise und ausdrucksstarke Bewegung zu beeindrucken. In der Vorwärtsbewegung steht das Starke und auch Drohende im Vordergrund, in der Rückwärtsbewegung das Schwache und Nachgebende. Die Personen in der Mitte wechseln. Dabei gehen die Personen in der Mitte zu einer Person in ihrem Halbkreis und tauschen einfach den Platz. Ein neuer „Showdown" beginnt.

 Tipp: Damit die Spielenden vor dem „Kampfspiel" bereits Erfahrung mit der Phrasenlänge sammeln können, empfehlen sich Bewegungsaufgaben, die mit dem Harmoniewechsel C^{maj7} und Dm^7 verbunden werden. Eine gute vorbereitende Übung ist es, wenn die leitende Person die Akkorde auf der Gitarre spielt und die Gruppe sich zum ersten Akkord vorwärts und zur zweiten Harmonie rückwärts bewegt bzw. tanzt. Die Bassboomwhacker können in dieser Phase bereits integriert werden.

Ha2 Quod libet – 1625

Alter: 8+
Dauer: >25'

Singen zu Boomwhacker-Begleitung

c, d, f, g = Bassboomwhacker mit Basskappe
f', g', a', b' = Boomwhacker mit Kappe
c', d' = Boomwhacker ohne Kappe

Viele Lieder können mit den Harmonien der Stufen I, VI, II und V begleitet werden. In unserem Beispiel verwenden wir die Tonart F-Dur, um die vorhandenen Stäbe gut auszunutzen. Dadurch ergeben sich folgende Harmonien: F-Dur, d-Moll, g-Moll, C-Dur.
Wenn man mit Boomwhackern Lieder harmonisch begleiten möchte, gibt es zwei grundlegende Möglichkeiten.

Modelle der Liedbegleitung mit Boomwhackern:

1) Harmoniespiel in Akkordgruppen

Für jede Harmonie wird eine eigene Spielgruppe gebildet. In unserem Beispiel gibt es 4 Spielgruppen.
Alle Spielenden haben je ein oder zwei Boomwhacker.
- Die Mitglieder der F-Dur-Gruppe haben: f, f', a', c'.
- D-Moll-Gruppe: d, f', a', d'
- G-Moll-Gruppe: g, g', b', d'
- C-Dur-Gruppe: c, g', b', c'

Die Stimmen sind der besseren Lesbarkeit wegen eine Oktave höher notiert als sie klingen.

Jede Gruppe spielt jeweils einen halben Takt, bestehend aus Baßton und Akkordnachschlag.
Da sich die Spielenden bei diesem Modell nur auf das Spielen einer Harmonie konzentrieren müssen, können schon nach einer kurzen Übungsphase alle mitsingen.

2) Harmoniespiel ohne feste Akkordgruppe

Bei dieser Alternative werden die Boomwhacker so auf die Spielenden verteilt, dass diese möglichst immer bei allen Harmonien mitspielen können. Hierzu ist ein höheres Maß an Konzentration erforderlich, daher benötigt dieses Spiel erfahrungsgemäß etwas mehr Zeit. Das Bauprinzip von Akkorden und Kadenzen oder anderer Harmoniefolgen wird bei diesem Spiel für die Spielenden transparenter und kann zusätzlich thematisiert werden.

Alle Spielenden haben je zwei Boomwhacker:

- Spieler 1: c', d'
- Spieler 2: a', b'
- Spieler 3: f', g'
- Bassspieler 1: f, d
- Bassspieler 2: g, c

Die Stimmen sind der besseren Lesbarkeit wegen hier eine Oktave höher notiert als sie klingen!

Alle Stimmen können je nach Gruppengröße auch mehrfach besetzt werden. Zusätzliche Farbtöne bereichern den Klang und können mit etwas Erfahrung in der Harmonielehre nach dem gleichen Prinzip eingesetzt werden.

Durch die hohe Konzentration auf das Akkordspiel, ist es schwierig, gleichzeitig mitzusingen. Deshalb empfiehlt es sich, die Gruppe in Musiker und Sänger aufzuteilen.

Wie oben erwähnt, gibt es viele Lieder mit der vorgestellten Harmoniefolge. Beispiele dafür sind: *I Like the Flowers* (s.u.), *Zwei kleine Wölfe* (s.u.), *Hey Baby* (DJ Ötzi), Anfang von *Lollipop, Laudato si*, ...

Sind in einer Gruppe oder Klasse Lieder mit diesem Harmonieschema bekannt und können sie bereits gesungen werden, kann man versuchen ein Quodlibet zu singen.

Als Quodlibet („quod libet", lat. wie es beliebt) wird in der Musik das gleichzeitige Singen verschiedener Lieder bezeichnet.

Zunächst können die Lieder in eingeteilten Singgruppen zur Boomwhacker-Begleitung gesungen werden.

Für geübte Gruppen kann das gleichzeitige Singen und Boomwhackerspiel eine Herausforderung sein.

Tipp: Als lustiger und spielerischer Abschluss darf jede Sängerin und jeder Sänger das jeweilige Lieblingslied und den Einsatz frei auswählen.

Zwei kleine Wölfe

überliefert
Fassung: Werner Rizzi

Aus: Werner Rizzi, Start UPs – Einstiege zum Singen, Fidula (Best.-Nr. 351)

Ha3 Tube Blues

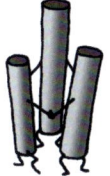

Alter: 8+
Dauer: >30'

Bluesform mit Melodie spielen, improvisieren

Material:
a) Harmoniespiel für 2 Spielende: g', a', h', c' (alle außer c' mit Basskappe)
b) zusätzlich für 3 oder 4 Spielende: d', b' (für 3) oder d', b', e', fis' (für 4)
c) Melodie: d', g'
d) Fill-in: g', f', e', d'
e) Chorusimprovisation mit g', b', c', d', f', g', und evtl. mit des' ergänzen

Ein Teil der Gruppe spielt zwei- bis vierstimmig die Harmonien der 12-taktigen Bluesform (siehe Noten unter „Phase 2", Zeilen 2 bis 4).
Einige andere spielen die Melodie, die aus den Tönen d' und g' besteht.
Ein Kind improvisiert ein Fill-in im 4. Takt mit den Tönen g und f.
Ein Kind improvisiert ein Fill-in im 8. Takt mit den Tönen d und e.
Im 12. Takt spielen die Kinder, die zuvor improvisiert haben, ein notiertes Fill-in.

Phase 1:

Stephan Uhr / Michel Widmer

Singen und Erarbeitung der Melodie mit Boomwhackern. Die Kinder, die die Melodie spielen, halten in einer Hand den Boomwhacker mit dem Ton g' und in der anderen mit dem Ton d'.

Tipp: Eine Begleitung z.B. mit Gitarre oder Klavier erleichtert das Erlernen des rhythmischen Musters der Zweitonmelodie, weil immer mit dem Akkordwechsel die Melodie mit einsetzt. Gleichzeitig wird das Gefühl für die 12-taktige Bluesform aufgebaut oder stabilisiert.

Phase 2:

Um den harmonischen Charakter anzudeuten, genügt das Spiel der Notenzeilen 3 und 4. Die vollständigen Harmonien können durch die Hinzunahme der Stimmen in Zeile 2 erreicht werden.
Wie in der Notation angegeben, haben die Spielenden der jeweiligen Stimme immer zwei verschiedene Boomwhacker im Einsatz.

Zusammenspiel:
Nachdem Melodie und Begleitung erarbeitet wurden, wird nun gemeinsam der Ablauf musiziert. Dazu könnte man in einer ersten Strophe (Chorus) nur die Begleitharmonien spielen und erst zur Wiederholung und in der Folge die Melodie dazunehmen.

Improvisation:
Der immer gleiche Melodiebogen über drei Takte wird im vierten Takt vom ersten improvisierenden Spieler mit einem Fill (g' und f') und im achten Takt vom zweiten mit einem Fill (d' und e') ergänzt. Im 12. Takt spielen die beiden gemeinsam ein Fill-in. Das kann das Fill-in aus dem Notenbeispiel oder ein anderes Fill-in sein. Es können auch Fill-ins an dieser Stelle in den anderen Stimmen improvisiert werden.

Durch mehrmaliges Wiederholen des Chorus können entsprechend viele Improvisationspaare eingesetzt werden.

Variation – Melodieimprovisation 10+
In Anlehnung an die musikalische Praxis im Jazz kann auch über einen gesamten Chorus improvisiert werden. Dazu verwenden wir eine vorbereitete Bluesskala g', b', c', d', f', g':

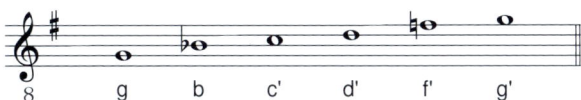

Diese Skala könnte auch durch den chromatischen Einschub des' ergänzt werden.
Um eine gute Spielbarkeit zu erreichen, werden die Boomwhacker wie ein Xylophon mit Schlägeln bespielt. Dazu werden die Stäbe auf einem dicken und weichen Tuch (z.B. ein Frotteehandtuch) nebeneinander aufgelegt.

Tipp: Damit die Stäbe vor einem etwaigen Wegrollen geschützt sind, empfiehlt es sich zwischen den Stäben das Tuch ein wenig anzuheben und eine kleine Erhebung zu bilden (siehe „Erweiterte Spieltechniken", Boomwhacker-Xylophon, S. 18).

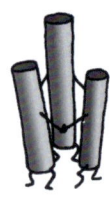

Ha4 Flipflop pentatonisch

Alter: 10+
Dauer: >30'

Grooves und pentatonische Improvisation

c', d', e', g', a', c'' = pentatonisches Material, evtl. mit Basskappen
4 Plastikeimer oder -papierkörbe
4 Paar Flipflops
1 Becken oder Trommel, Hupe oder Pfeife usw.

Spielbeschreibung für 28 Personen: Wechsel von Gruppen- und Einzelimprovisation, Spieltechnik mit Flipflop-ophon

Alle außer 4 Spielende bekommen je 1 Boomwhacker. Anschließend bilden sie 4 Untergruppen, in denen je 1 Ton des pentatonischen Materials vertreten ist.
Die 4 Spielenden ohne Boomwhacker befinden sich in der Raummitte. Jeder von ihnen hat zwei Flipflops und einen Plastikeimer. Jedem Flipflop-Spielenden wird eine Untergruppe zugeordnet.

Während die Spieler in der Mitte mit den Flipflops ein gemeinsames Metrum auf ihren Eimern spielen, bewegen sich die übrigen Spielenden frei im Raum und improvisieren rhythmisch mit ihren Boomwhackern. Sie können sich auch in Farbgruppen treffen und dann die tänzerischen Bewegungen und die Rhythmen voneinander aufnehmen. Es kann auch die Regel eingeführt werden, dass bei jedem neuen Treffen eine andere Person führt und alle anderen imitieren.

Der Beckenschlag eines Flipflop-Spielenden dient als Signal, dass alle Boomwhacker sich allmählich vor „ihrem" Flipflop-Spielenden zum Flipflop-ophon versammeln. Das Flipflop-ophon besteht aus den Mitspielenden einer Untergruppe, die sich der Tonhöhe nach nebeneinander aufstellen und dem Flipflop-Spielenden ihre Boomwhacker zum Bespielen präsentieren. In dieser Position übernehmen sie mit Pendelschritten das Metrum. Die Schritte sollen dabei laut genug sein, dass sie als Grundlage für die nun folgenden Improvisationen dienen können. Sind alle Boomwhacker in Position, beginnen die Flipflop-Spielenden gleichzeitig mit ihrer Flipflop-ophon-Improvisation.

 Tipp: Die Abläufe können zu Beginn auch durch die leitende Person durch Beckenschlag und Trommeln im Metrum oder Rhythmus eines Spruches geführt werden.

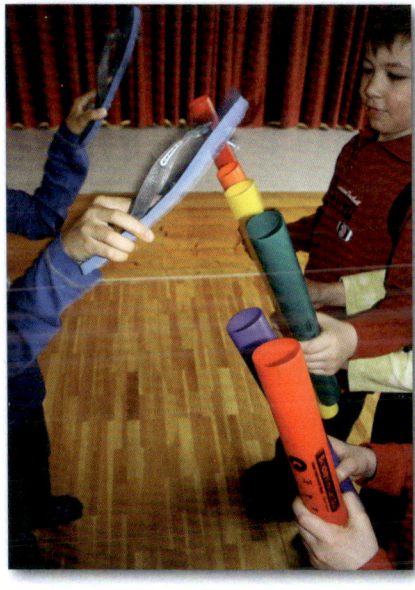

Sobald eine Improvisation endet, wechselt der Flipflop-Spieler wieder zum Eimer und setzt in das Metrum ein. Ist die letzte Flipflop-Improvisation beendet, bewegen sich die Boomwhacker zu einer neuen Runde im Raum.

Tipp: Da immer sechs Spielende und ein Solist eine Gruppe bilden, kann das Spiel auch mit 7, 14, 21 Personen durchgeführt werden. Lässt man c" (kurzes c) weg, ergeben sich Gruppen mit je sechs Personen. Entsprechend ändert sich jeweils die Anzahl der beteiligten Personen.

Hier haben die Spielenden je 2 Boomwhacker, eine Variation für ganz kleine Gruppen.

Tipp: Will man die Skala des Fipflop-ophons eine Oktave tiefer erklingen lassen oder um die tiefere Oktave erweitern, dann können Basskappen benutzt werden. Das mit der Kappe verschlossene Ende sollte dann oben sein und den Flipfloppern zum Spiel präsentiert werden (vgl. „Living Keyboard", S. 18).

Variation „Solokette" 10+
Die vier Spielenden des Flipflop-ophons improvisieren nacheinander.

Variation – Soli mit „Call and Response" 12+
Die Spielenden des Flipflop-ophons bilden Paare. Immer ein Paar improvisiert im Call-and-Response-Prinzip, während die anderen beiden weiter auf ihren Eimern das Metrum spielen.

Variation mit fester Phrasenlänge: „Flip-Flop-Rondo" 12+
Mit den Spielenden wird ein Sprechvers für die Phrasenlänge gelernt.

Stephan Uhr / Michel Widmer

Hit the flip and hit the flop, eve-ry-bo-dy likes to hear the plop, flip-ping, flop-ping and now plop-ping, let's do the flip-flop!

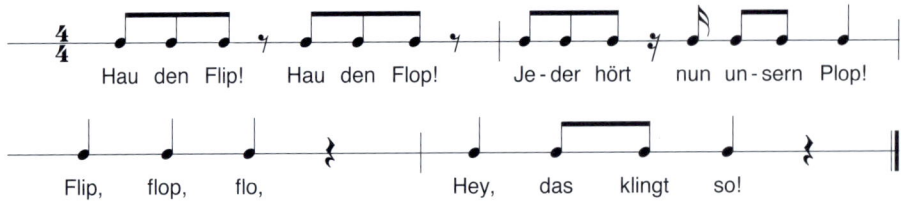

Hier eine rhythmisch etwas anspruchsvollere Version:

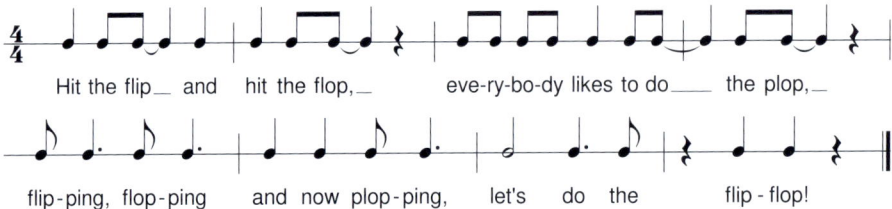

Im Tutti spielen die „Trommler" den Satzrhythmus mit den Flipflops auf den Eimern. Die anderen Spielenden improvisieren dazu Rhythmen mit den Boomwhackern. Zum Ende des Sprechverses stellen sich die Spielenden der ersten Untergruppe zu einem Flipflop-ophon auf und „Flipflop-Solist 1" improvisiert während der Phrasenlänge der Wiederholung des Sprechverses.
Die anderen spielen den Sprechversrhythmus leise mit ihren Boomwhackern bzw. Eimern oder es kann leise der Sprechvers gesprochen werden. Mit der nächsten Phrase (Wiederholung des Sprechverses) kehren alle Spielenden wieder zum Tutti zurück. Mit der dritten Wiederholung stellt sich die zweite Gruppe auf, und „Flipflop-Solist 2" improvisiert zum Rhythmus der anderen usw. Es erklingt also zu jedem Formteil (sowohl im Tutti als auch in der Solo-Improvisation) immer einmal der ganze Sprechvers.

Tutti | Impro 1 | Tutti | Impro 2 | Tutti | Impro 3 | Tutti | Impro 4 | Tutti ‖

Variation – „Call and Response" über eine Phrase   12+

Die Improvisation der Flipflop-ophone erfolgt durch ein improvisierendes Paar im Call-and-Response-Prinzip (= Frage und Antwort). Dazu wird die 8-taktige Phrase des Satzes in 1-taktige Parts aufgeteilt, so dass pro Sprechvers je viermal ein Call und viermal eine Response möglich ist.

Ha5 Flipflop harmonisch

Alter: 10+
Dauer: >40'

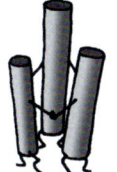

Gruppen- und Einzelimprovisation mit Harmonien über eine feste Phrasenlänge

Diatonisches Material aufgeteilt auf die Akkorde C^{maj7} (c', e', g', h') und Dm^7 (d', f', a', c")
2 Paar Flipflops
2 Plastikeimer

Die Personen „Flipflopper" 1 und 2 sitzen mit Flipflops vor ihren Plastikeimern. Alle anderen Spielenden erhalten je 1 Boomwhacker. Acht Spielende werden zu einer C-Dur-Skala ausgewählt und stellen sich zum C-Dur-Flipflop-ophon auf (vgl. Spiel Ha4). Alle merken sich ihre Position in der Tonleiteraufstellung, weil es später zu schnellen Wechseln zwischen ihrem Spiel in der jeweiligen Akkordgruppe und als Flipflop-ophon kommen wird. Alle Spielenden klären ihre Zugehörigkeit zu den Harmonien C^{maj7} und Dm^7 ab. Sie stellen sich in zwei Gruppen wie in der Abbildung 1 (siehe nächste Seite) auf. Dann beginnt das Spiel. Die Flipflopper spielen den Sprechversrhythmus aus Spiel Ha4 auf den Eimern. Zur ersten Hälfte des Sprechverses improvisieren die Spielenden mit der Harmonie C^{maj7}, zur zweiten Hälfte erklingt Dm^7. Am Ende des Sprechverses hat sich das vorher ausgewählte Flipflop-ophon aus acht Spielern beider Harmonien formiert, so dass zur Wiederholung der Harmonie C^{maj7} „Flipflopper" 1 improvisieren kann. Dazu spielen diejenigen Mitglieder der C^{maj7}-Gruppe, die nicht das Flipflop-ophon bilden, mit einem Finger auf dem jeweiligen Boomwhacker den Satzrhythmus. Nun wird wieder Dm^7 gespielt und „Flipflopper" 2 improvisiert dazu. Dadurch ergibt sich folgender Ablauf, der vielfach wiederholt werden kann:

‖: Tutti-Impro C^{maj7} | Tutti-Impro Dm^7 | Flipflop-Solo C^{maj7} | Flipflop-Solo Dm^7 :‖

Variation – Soli mit „Call and Response" 12+
Die Flipflop-Solisten teilen ihr Spiel gleichmäßig nach dem Call-and-Response-Prinzip auf. „Call and Response" können jeweils 1 Takt oder 2 Takte oder 4 Takte dauern.

Tipp: Bei besonders erfahrenen Gruppen können während der Flipflop-Soli als Boomwhacker-Begleitung anstelle des Sprechversrhythmus Blaswirbel gespielt werden (vgl. Arena-Situation im Spiel Ha1 „Boomwhacker-Gangs", S. 135).

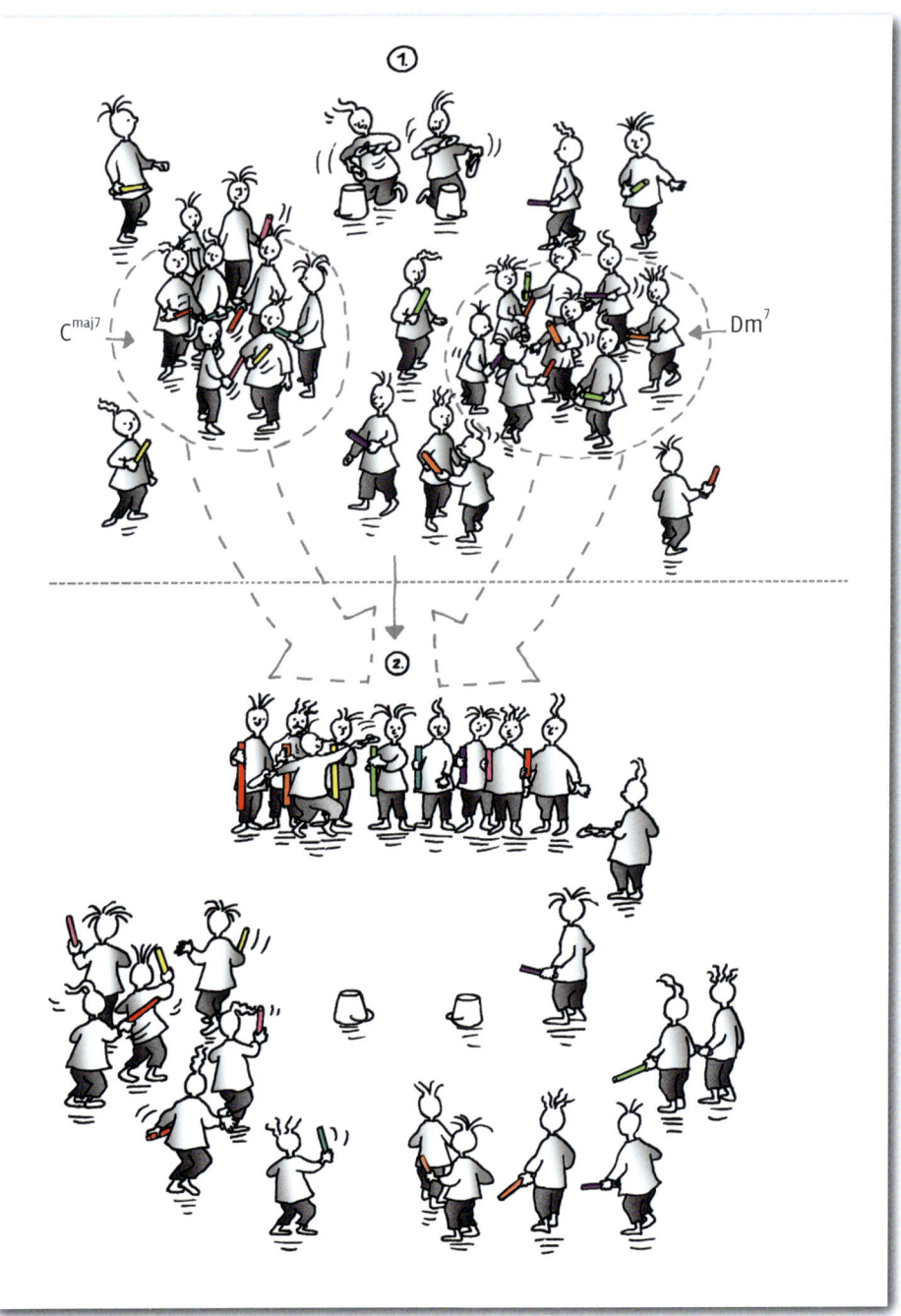

Ha6   Rockkonzert

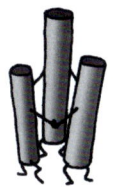

Alter: 10+
Dauer: >15'

„Call and Response" singen über eine Boomwhacker-Begleitung

Bassstimme: Bassboomwhacker g und Boomwhacker c' (jeweils mit Basskappe) für beliebig viele Teilnehmer
Akkordstimme: Boomwhacker e', g' (mit Kappe) und c', e', a' (ohne Kappe) für beliebig viele Teilnehmer

je TN 1 oder 2 Boomwhacker

Zuerst wird eine Boomwhacker-Begleitung eingeführt und erarbeitet. Hier ein bewährtes Beispiel:

Tipp: Den Einsatz von Boomwhackern mit Bodypercussion vorbereiten.

Auf Rockkonzerten wird das Publikum oft mit einem Call-and-Response-Teil einbezogen. Dazu spielt die Band in der Regel einen Loop, d.h. sie wiederholt einen kurzen Liedteil mit einer oder wenigen Harmonien. Das Boomwhackerspiel soll an einen Loop erinnern. Alle stehen im Kreis und spielen mit den Boomwhackern einen Loop (siehe obiges Beispiel). Die leitende Person übernimmt die Rolle des Vorsängers (Caller). Sie singt passend zur Musik ein kurzes Motiv von ein oder zwei Takten mit oder ohne Text. Dann wiederholen alle gemeinsam das Motiv (Response). Nach einigen beispielhaften Motiven gibt die leitende Person die Rolle des Callers ab. Dazu singt sie zur Musik nach eigener Melodie: „Wer ist der Nächste?" Die Gruppe wiederholt die Frage solange, bis jemand gefunden wurde. Der neue Caller tritt hervor, und der alte ordnet sich wieder in die Gruppe ein. Auf diese Weise können weitere Wechsel stattfinden.

Tipp 1: Um alle auf die Rolle des Callers vorzubereiten und Angst vor dem „Vorsingen" zu nehmen, probiert die Hälfte der Gruppe gleichzeitig Calls zu singen. Dazu gibt ihnen die leitende Person die Einsätze, und die andere Hälfte spielt den Loop. Nach einer Weile werden die Rollen getauscht.

Tipp 2: Es wird entweder gesungen oder Boomwhacker gespielt, damit sich besser auf „Call and Response" konzentriert werden kann.

Tipp 3: Um den Call am Anfang zu erleichtern, kann nach einem Response eine Singpause entstehen. Unabhängig davon wird der Loop weitergespielt und der Caller wählt den geeigneten Moment für den neuen Call. Als Alternative kann der Caller seinen Call auch solange wiederholen, bis er eine neue Idee hat.

Variation mit Solisten 10+
Alle Spielenden stehen in einem Kreis und bilden somit eine Art Bühne oder Arena. Jeweils zwei Spielende treten in den Kreis. Die beiden singen nun ebenfalls „Call and Response", wobei die antwortende Person in ihrem Response den Call variiert.

Variation mit Text 10+
Wie vorher singt eine Person eine Frage. Eine andere Person singt eine Antwort, die sich auf den Text der Frage bezieht. Um den Spielenden einen Eindruck zu vermitteln, singt die leitende Person ein paar vorgefertigte Beispiele. In Partner- oder Gruppenarbeit werden eigene Lösungen gesucht und zur Musik ausprobiert.
Die Textzeilen lassen sich thematisch auch eingrenzen auf bestimmte Themen oder Anlässe: „Ich mag ..."-Zeilen, Beziehungen zwischen Jungen und Mädchen, Fangesänge für Sportwettkämpfe, spielerisch mit gemeinsam gelesener Literatur umgehen, tagesaktuelle Themen, ...

Variation mit Tanzphrase 12+
Zum Spiel des Boomwhacker-Drumsets (s.u.) werden von allen Spielenden kurze Rhythmen (ein oder zwei Takte lang) in Verbindung mit Tanzschritten oder Drehungen usw. entwickelt. Davon können vier Beispiele ausgesucht und aneinandergehängt werden. So entsteht schon eine vier- oder achttaktige klingende Tanzphrase. Nachdem diese Phrase von allen Spielenden erlernt wurde, könnte sie auch im Kanon getanzt und zum Klingen gebracht werden. Dazu setzen die Spielenden nacheinander ein. Durch festgelegte Raumwege kann so eine kleine Choreographie entstehen.

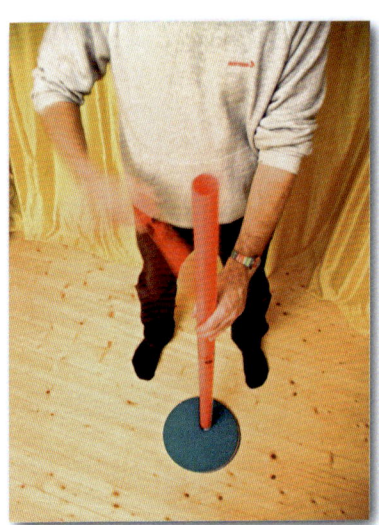

Variation mit „Boomwhacker-Drumset" 12+
Die Band wird durch „Schlagzeugrhythmen" verstärkt. Dazu werden Snare- und Bassdrum-Melodien mit Boomwhacker gespielt. Ein Bassboomwhacker c (mit Kappe) wird als Stampfrohr auf einer weichen Unterlage gespielt. Mit der freien Hand wird der kleine Boomwhacker c" an das obere und offene Ende des Bassboomwhackers geschlagen

Die Bassstimme ist der besseren Lesbarkeit wegen eine Oktave höher notiert als sie klingt!

Tipp: Die „Schlagzeugrhythmen" können auch ohne den Akkord-Groove als Grundlage für die Umsetzung eigener Rap-Texte genützt werden.
Die notierten „Schlagzeugrhythmen" dienen nur als Modell für eigene Rhythmen. Mit einzelnen Tönen aus dem pentatonischen Material können weitere Perkussionsstimmen gebildet werden, die damit das „Schlagzeug" ergänzen.

Variation mit tänzerischen Elementen 12+

Diese Variation zielt auf das Ausprobieren und Umsetzen choreographischer Ideen bei gleichzeitigem rhythmischem Spiel mit einem Boomwhacker.
In einer Explorationsphase erproben die Spielenden Kombinationen von rhythmischem Spiel und Bewegung. Diese Exploration wird von wenigen Teilnehmern durch einen Schlagzeugrhythmus begleitet.
Hilfreich ist hier der Hinweis auf typische Bewegungen, die aus dem Repertoire von Rock- und Pop-Perfomances stammen (Schrittkombinationen, Körperdrehungen, Sprünge, Positionen, ...).

Nun werden Kleingruppen gebildet. In diesen finden sich Spielende mit dem gleichen Ton ein. In der Gruppe stellen sich alle das jeweils gefundene Bewegungsmaterial vor. Gemeinsam entwickeln sie daraus eine kleine Choreographie.

Im abschließenden Plenum werden die Gruppenergebnisse vorgeführt und mit Hilfe der leitenden Person räumlich und zeitlich zu einem Gesamtablauf zusammengeführt.

- für eine Performance vor Publikum kann dieser Ablauf auch in Linien präsentiert werden
- weitere interessante Auf- und Abgänge einbauen
-
-

 Tipp: Bei einer Gruppenaufstellung im Kreis kann z.B. eine Gruppe mit ihrem „bewegten Muster" beginnen. Nach zweimaligem Durchspielen steigt im Uhrzeigersinn die benachbarte Gruppe ein. Nach weiterem zweimaligen Durchspielen beginnt die nächste Gruppe usw.
So wird durch Übereinanderschichten von bewegten Ostinati (= mehrere Muster) ein Ablauf gestaltet.

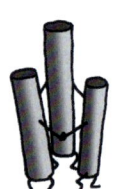

Ha7 Boomwhacker-Reggae – Plastic Boombastic

Alter: 10+
Dauer: >45'

Improvisieren über Reggae-Groove – Grundlage für einen eigenen Popsong

c, f g, f', as', b', c', e', f', g', as'

Für den Reggae kennzeichnend ist das akzentuierte rhythmische Spiel mit Akkorden im Spannungsverhältnis zu einer meist komplementären Basslinie. Bei unserem Reggae spielen je drei Kinder gemeinsam die Bassstimmen, je zwei Kinder spielen die Akkorde. Es ist sinnvoll, jede Kleingruppe zwei- oder mehrfach zu besetzen.

Die Bassstimme 1 ist der besseren Lesbarkeit wegen eine Oktave höher notiert als sie klingt!

Erste Phase – Erarbeitung der Bassstimmen:
Die Bassmelodie wird im Puzzlesystem gespielt. Dabei trägt jeder Spielende seinen oder seine Töne zum Melodieverlauf bei.

Bassstimme 1

Die Bassboomwhacker c, f und g (mit Basskappen) werden als Stampfrohre auf weicher Unterlage gespielt. Da ein Kind drei Stäbe bedient, muss es dabei sitzen. Aus unserer Erfahrung schlagen wir folgende Spielweise vor: In der linken Hand immer c, mit der rechten Hand im zweitaktigen Wechsel f und g; der jeweils unbenutzte Stab wird zwischen den Beinen an den Körper gelehnt.

Zum leichteren Erlernen der Stimme kann der zweite und der vierte Takt der Bassstimme 1 anfangs von der leitenden Person mitgespielt werden.

Bassstimme 2

Die Bassstimme 2 wird mit den Spielenden 2 und 3 erarbeitet. Eine Person bekommt die Töne f' und as', die andere Person b' und c'. Wir empfehlen, dass die Bassspielenden nebeneinander sitzen und die Stäbe eine aufsteigende Tonreihe bilden.

Die gemeinsame Basslinie wird in den Takten 2 und 4 der Gesamtphrase gespielt. Dabei läuft sie einmal aufwärts und einmal abwärts. Dadurch verändert sich bei den Spielenden die jeweils führende Hand.

Tipp: Die Bassstimme 1 mit den Tönen c, f und g kann auch auf zwei Spielende aufgeteilt werden: Spieler 1a spielt c und f, Spieler 1b spielt c und g. Dies hätte den Vorteil, dass beide Spielende nicht an das Sitzen gebunden sind.

Zweite Phase – Erarbeitung der Akkordstimme:
Im reggaetypischen Nachschlag werden die Spielenden 4 und 5 die Akkorde auf den Zählzeiten 2 und 4 eines Taktes spielen. Die Harmonien sind der Partitur zu entnehmen.
Es gibt zwei grundlegend verschiedene Möglichkeiten, Akkordwechsel mit Boomwhackern zu instrumentieren:

- Spieler 4 bringt die Töne f' und as' des F-Moll-Akkordes zum Klingen. Spieler 5 hat entsprechend die Töne e' und g' des C-Dur-Akkordes im Einsatz. Es spielt immer nur einer von beiden.
- In der nachfolgend beschriebenen Spielweise sind immer beide Spielende aktiv. Die Töne der Akkorde werden aufgeteilt. Spieler 4 erhält f' für die Takte 1, 2 und 4 und e' für Takt 3. Spieler 5 setzt analog dazu die Töne as' und g' ein.

 Tipp: Damit die Akkorde nicht nur zusammen mit der Bassstimme vollständig erklingen, kann zusätzlich noch ein Spieler 6 mit dem Ton c'' in allen Takten die Spieler 4 und 5 unterstützen.

Um einen eigenen Song zu entwickeln, könnte man sich folgender Möglichkeiten bedienen:

- Zum Reggae-Groove kann mit den Tönen f', as', b', c'', es', f' improvisiert werden.
- Mit diesen Tönen lässt sich auch eine kleine Melodie zu einem selbst erfundenen Text vertonen.
- Dazu kann alternativ zum Spielen des Boomwhacker-Xylophons das Puzzlesystem angewendet werden, bei dem mehrere Spielende sich das Tonmaterial der Melodie aufteilen.
- Mit den Tönen c, c' und c'' sowie a' lassen sich Rhythmen mit dem Boomwhacker-Drumset (siehe Ha6) und/oder verschiedene lateinamerikanische Rhythmen dazu spielen (vgl. R16, S. 69) Mit den genretypischen Bausteinen Intro, Strophe, Refrain, Fill-in am Zeilenende, Instrumental-Solo, Perkussions-Teil und Outro kann ein ganzer Song gestaltet werden.

Ha8 Malagueña

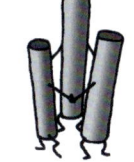

Alter: 10+
Dauer: >30'

Chorisches Spiel einer andalusischen Kadenz im Wechsel mit Improvisation
Bassstimme: Bassboomwhacker a, g, f und e (jeweils mit Basskappe)
Akkordstimmen mit Boomwhacker paarweise: a' und g', h' und c', e' und f'
je nach Gruppengröße mehrfach

Grundlage für die Harmonien in diesem Modell ist eine Malagueña, eine andalusische Kadenz, die auch in der Popmusik immer wieder Verwendung findet (z.B. „In the year 2525", „Don't let me be misunderstood", ...).
Bei der Erarbeitung der Akkordstimmen ist es hilfreich, wenn der Rhythmus dieser Stimmen zuerst mit Bodypercussion gefestigt wird. Erst dann können sie sicher zur metrischen Bassstimme zugefügt werden.

Die Stimmen aller Noten zu diesem Spiel sind der besseren Lesbarkeit wegen eine Oktave höher notiert als sie klingen!

Nachdem die Kadenz im Ablauf gefestigt ist, kann mit den improvisatorischen Elementen begonnen werden. Dazu stellen wir mehrere Möglichkeiten vor.

1. Möglichkeit:
Die obere Stimme löst sich vom notierten Rhythmus und improvisiert mit dem Ton e' und dem Zusatzton f' eine Zweitonmelodie.

Analog kann auch mit der zweiten oder dritten Akkordstimme verfahren werden.

2. Möglichkeit:
Zwei Spielende improvisieren abwechselnd. Dabei können sie taktweise im Prinzip von „Call and Response" improvisieren. Eine schwierigere Aufgabe ist es, unabhängig vom taktweisen Wechsel, nach eigenem zeitlichen Ermessen mit Blickkontakt die Improvisation zu übergeben.
Beispiel: Zweite und dritte Stimme spielen im taktweisen Wechsel.

3. Möglichkeit:
Über die beibehaltenen Bassstimmen können alle Akkordstimmen mit ihrem jeweiligen Boomwhackerpaar gleichzeitig improvisieren.

4. Möglichkeit:
Die Bassstimmen variieren ihre Muster rhythmisch, allerdings in Reihenfolge und Phrasenlänge analog zum notierten Beispiel.

Gestaltung eines Ablaufes:
Ein einfaches Ablaufmodell wäre ein Wechselspiel zwischen der notierten Kadenz und improvisatorischen Zwischenteilen in Rondoform.
Beispiel:
A B A C A D A
oder:
A A B A A B' A A B" A

 Tipp: Um die Kadenz abwechslungsreicher zu gestalten, können in Paaren oder Kleingruppen à drei Personen kleine Melodieteile mit dem pentatonischen Tonmaterial entwickelt werden. Dabei wird die Melodie im Puzzle-System gespielt. So trägt jede spielende Person ihre Töne zum Melodieverlauf bei.

Beispiele:

Hier noch ein Beispiel mit diatonischem Material für drei Spielende:

Der Triller wird mit einem Wirbel gespielt.

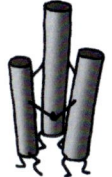

Ha9 Harmoniebaukasten

Anhang mit bewährten und interessanten Harmoniefolgen

Mit dem Harmoniebaukasten stellen wir Material für eigene Lieder, Improvisationsmodelle und Bewegungsbegleitungen zur Verfügung. Damit wollen wir Ihnen eine weitergehende Arbeit mit Boomwhackern erleichtern.

Die Akkordtöne werden jeweils in der Grundstellung angegeben. Bei einer kadenzierten Verwendung bieten sich entsprechende Umkehrungen an. Diese können durch die Verwendung von Basskappen erreicht werden. Deshalb werden in dieser Tabelle auch keine Angaben über die absolute Tonhöhe gemacht (statt z.B. c, c' oder c" wird hier also stets „c" geschrieben). Eine Ausnahme bildet der Ton „E" in Beispiel 13: Damit ist ein tiefer Ton des Bassboomwhackers gemeint.

Tipp:
- Bitte beachten: Boomwhacker sind ein Produkt aus Nordamerika. Daher ist für die deutschsprachige Tonhöhenbezeichnung „h" ein „B" auf dem entsprechenden Boomwhacker aufgedruckt. Das erniedrigte „h" wird im Deutschen als „b" bezeichnet. Im Englischen heißt dieser Ton „B♭", gesprochen: b flat („bih flät").
- In diesem Buch werden die deutschen Bezeichnungen „h" und „b" verwendet

Die Aufteilung der Töne auf verschiedene Spielende (4. Spalte) sehen wir als einen Vorschlag, um die jeweiligen Spielenden möglichst oft zu beteiligen.

1)	C^{maj7} – Dm^7 (vgl. Ha2/Var. 1 und Ha3)	c, e, g, h --- d, f, a, c	Sp 4: h + c Sp 3: g + a Sp 2: e + f Sp 1: c + d
2)	F – Dm – Gm – C^7 (vgl. Ha4)	f, a, c --- d, f, a --- g, b, d --- c, e, g, b	Sp 4: e + … Sp 3: c + d Sp 2: a + b Sp 1: f + g
3a)	C^6 – Dm^7 – G^7 – G^7	c, e, g, a --- d, f, a, c, --- g, h, d, f	Sp 4: a + … Sp 3: g + d Sp 2: e + f Sp 1: c + h
3b)	F^6 – Gm^7 – C^7 – C^7	f, a, c, d --- g, b, d, f --- c, e, g, b	Sp 4: d + … Sp 3: c + g Sp 2: a + b Sp 1: f + e
4a)	Am – G$^{(7)}$ – F – Am	a, c, e --- g, h, d, (f) --- f, a, c --- a, c, e	Sp 4: f + … Sp 3: e + h Sp 2: c + d Sp 1: a + g
4b)	Am – G – F – G	a, c, e --- g, h, d, --- f, a, c --- g, h, d	Sp 4: f + … Sp 3: e + h Sp 2: c + d Sp 1: a + g
4c)	Am – G – F – E	a, c, e --- g, h, d --- f, a, c --- e, gis, h	Sp 4: d + f Sp 3: e + g Sp 2: c + gis Sp 1: a + h
4d)	Am – G^6 – F^{maj7} – Em	a, c, e --- g, h, d, e --- f, a, c, e --- e, g, h	Sp 4: d + … Sp 3: c + h Sp 2: e + f Sp 1: a + g
4e)	Am – F – E – E	a, c, e --- f, a, c --- e, gis, h	Sp 3: e + f Sp 2: c + h Sp 1: a + gis
5a)	Dm – Gm^7 – F – A^7	d, f, a --- g, b, d, f --- f, a, c --- a, cis, e, g	Sp 4: g + cis Sp 3: a + b Sp 2: f + e Sp 1: d + c
5b)	Em – Am^7 – G – H^7	e, g, h --- a, c, e, g --- g, h, d --- h, dis, fis, a	Sp 4: dis + … Sp 3: a + d Sp 2: g + fis Sp 1: e + h

6)	Dm^7 – F^{maj7} – G – G	d, f, a, c --- f, a, c, e --- g, h, d	Sp 4: e + ... Sp 3: a + h Sp 2: f + g Sp 1: d + c
7a)	Dm^7 – G^7 – C^{maj7} – A^7	d, f, a, c --- g, h, d, f --- c, e, g, h --- a, cis, e, g	Sp 4: c + cis Sp 3: a + h Sp 2: f + e Sp 1: d + g
7b)	Dm^7 – G^{11} – C^{maj7} – Am^7	d, f, a, c --- g, h, d, c --- c, e, g, h --- a, c, e, g	Sp 4: c + ... Sp 3: a + h Sp 2: f + e Sp 1: d + g
8)	F – C – Dm^7 – B	f, a, c --- c, e, g --- d, f, a, c --- b, d, f	Sp 4: g + ... Sp 3: c + b Sp 2: a + d Sp 1: f + e
9a)	C – E^7 – F – G	c, e, g --- e, gis, h, d --- f, a, c --- g, h, d	Sp 4: d + a Sp 3: g + gis Sp 2: e + f Sp 1: c + h
9b)	F – G – C – E^7 – F – G – C – C	Akkordtöne: siehe 9a)	Verteilung wie 9a)
10)	Am^7 – D$^{7/9}$	a, c, e, g --- d, fis, a, c, e	Sp 3: g + d Sp 2: c + e Sp 1: a + fis
11)	C – A^o – As^{maj7} – G$^{(6)}$	c, e, g --- a, c, es --- as, c, es, g --- g, h, d, (e)	Sp 4: as + d Sp 3: g + a Sp 2: e + es Sp 1: c + h
12)	C – A^o – Dm^7 – G^7	c, e, g --- c, es, a --- d, f, a, c --- g, h, d, f	Sp 4: es + d Sp 3: g + a Sp 2: e + f Sp 1: c + h
13a)	C^{maj7}/E – Hm^7/E – Em (Der Großbuchstabe E hinter dem Schräg-strich bezeichnet den zu spielenden Baßton.)	E, c, e, g, h --- E, h, d, fis, a --- E, e, g,	Sp 5: a + ... Sp 4: g + d Sp 3: e + fis Sp 2: c + h Sp 1: E + E

13b)	Em$^{(7)}$ – Fism^7/E – C^{maj7}/E – Hm^7/E – (Em)	E, e, g, h, (d) --- E, fis, a, cis, e --- E, c, e, g, h --- E, h, d, fis, a --- (E, e, g, h)	Sp 5: cis + d Sp 4: g + a Sp 3: e + fis Sp 2: c + h Sp 1: E + E
14)	Gm – Es^7 – Dm– Dm	g, b, d --- es, g, b, des --- d, f, a	Sp 4: des + ... Sp 3: d + es Sp 2: b + a Sp 1: g + f
15a)	C – D – Em – Em C – D – H^7 – H^7 C – D – Em – Em C – D – G – G	C = c, e, g --- D = d, fis, a --- Em = e, g, h --- H^7 = h, dis, fis, a --- G = g, h, d	Sp 4: g + a Sp 3: e + fis Sp 2: d + dis Sp 1: c + h
15b)	Em – D – C – Em Em – D – C – G	Em = e, g, h --- D = d, fis, a --- C = c, e, g --- G = g, h, d	Sp 4: d + ... Sp 3: h + c Sp 2: g + a Sp 1: e + fis
16)	Dm^7 – G^7 – C^{maj7} – F^{maj7} – B^{maj7} – G^6 – Am – Am	d, f, a, c --- g, h, d, f --- c, e, g, h --- f, a, c, e ---b, d, f, a --- g, h, d, e --- a, c, e	Sp 4: h + b Sp 3: a + g Sp 2: e + f Sp 1: c + d

Im Fokus 7: Boomwhacker – Möglichkeiten und Grenzen

Das Spiel mit Boomwhackern ist schnell erlernbar und für viele Altersgruppen auf unterschiedlichem musikalischem Niveau einsetzbar. Gleichzeitig ist ihre Verwendung in individualisierenden und stark differenzierenden Spielen möglich. Besonders deutlich wird dies bei Improvisationen oder bei Spielen mit selbst entwickelten Rhythmen und Bewegungen. Dadurch können sich alle Spielenden musikalisch, aber auch körperlich durch Bewegung ausdrücken. Ein differenziertes Spiel ist auf Boomwhackern mit seinen vielen Spieltechniken ebenfalls möglich.

Boomwhacker können daher als eine Erweiterung des Elementaren Instrumentariums angesehen werden. Sie lassen sich mit allen anderen elementaren Instrumenten kombinieren und in vielfältige Ensembles integrieren. Dazu darf man Boomwhacker aber nicht nur für komponierte Spielstücke einsetzen oder gar für musikalische Wettkampfspiele missbrauchen.

Selbstverständlich machen Boomwhacker bei allen Vorzügen andere Instrumente nicht überflüssig. Letztere können allerdings nur in seltenen Fällen mit Bewegung kombiniert werden.

Boomwhacker lassen sich durch besondere Spieltechniken wie z.B. „Living Keyboard" oder „Boomwhacker-Xylophon" (siehe „Erweiterte Spieltechniken", S. 18) auch sinnvoll für das melodische Spiel einsetzen.

Eine weitere Möglichkeit, der wir in unserem Buch nur wenige Beispiele gewidmet haben, ist das Spielen von Melodien im Puzzlesystem. Dabei trägt jede spielende Person ihren Ton zum Melodieverlauf bei (vgl. Ha7 und Ha8). Diese Technik ist leicht auf viele Lieder übertragbar.

In diesem Buch findet man einige Spiele, die ebenso mit anderen Instrumenten oder Gegenständen durchgeführt werden können. Im Kapitel „Zwischenspiele" (Spiel Z3 „Kurzschluss", S. 167) können z.B. Boomwhacker durch Gymnastikstäbe ersetzt werden. Auch in anderen Spielen können andere Instrumente oder Gegenstände eine gute Lösung sein. Werden diese Spiele innerhalb einer größeren Spielfolge mit Boomwhackern durchgeführt, können organisatorische Pausen vermieden werden. Darüber hinaus wird bei durchgehender Verwendung von Boomwhackern in einer Einheit die intrinsische Motivation der Spielenden durch den gemeinsamen Gegenstandsbezug gefördert (vgl. dazu „Im Fokus 5", S. 121).

Der leise Klang des Instrumentariums Boomwhacker kann sich als Stärke beim Klassenmusizieren herausstellen, weil die Gesamtlautstärke erträglich bleibt und vielfältige Kombinationen mit Gesang, Körperperkussion, Saiteninstrumenten, Stabspielen usw. ermöglicht werden.

Da vom Hersteller die Verkaufseinheiten immer auf die pentatonische oder diatonische C-Skala fixiert sind, werden viele Spiele von den Autoren für diesen Tonraum eingerichtet. Wünschenswert wäre natürlich die Aufhebung dieser Fixierung und das Spielen in anderen Tonräumen. Dies setzt aber das Vorhandensein weiterer chromatischer Ergänzungstöne, Basskappen und Bassboomwhacker voraus.

Boomwhacker sind sicher ein vielfältig einsetzbares elementares Instrumentarium. Trotz aller Vorzüge können sie den Umgang mit anderen Instrumenten und anderen Methoden der Musik- und Bewegungserziehung nicht ersetzen, aber entscheidend ergänzen.

Zwischenspiele

 **Einführung**

Manchmal braucht man ein Spiel als Überleitung zu einem anderen Spiel. Vielleicht möchte man der Gruppe ein wenig Entspannung gönnen oder sie belohnen. Auch eine kurze Abwechslung oder Auflockerung kann mit diesen Spielen gestaltet werden. In einigen Spielen ist der Fokus zusätzlich auf Kontaktaufnahme und Kontakt ausgerichtet.

In diesem Kapitel haben wir solche Spiele zusammengetragen, die auch als Anregung dienen sollen, eigene Spielideen zu entwickeln.
- Das Spiel Z1 „Ich sehe wen, der mich auch sieht" dient als Spiel zur Partnerwahl und zu einem ersten Kennenlernen im Spiel zu zweit.
- Längeres Boomwhacker-Spielen strengt an, daher bietet sich zur Entspannung oder Beruhigung das Spiel Z2 „Klangmassage" an.
- Im Spiel Z3 „Kurzschluss" werden Geschicklichkeit und Partnerbezug gefördert. Es kann auch als vorbereitendes und sensibilisierendes Spiel für die Arbeit in Paaren und Kleingruppen eingesetzt werden.
- Ein altbekanntes „Ratespiel" wird in Z4 mit Boomwhackern neu gestaltet. Mit diesem Spiel können Gruppen an das Thema „Verklanglichung" herangeführt werden.
- Das Spiel Z5 „Klanggasse" ist ein Spiel zur Vertrauensbildung. Es kann zur Vorbereitung von Hörspielen gut eingesetzt werden.
- Verschiedene Gesellschaftsspiele haben wir in Z6 „Spieladaptionen" für das Spiel mit Boomwhackern adaptiert. Weitere Adaptionen von „klassischen Spielen" warten auf ihre Umsetzung!

 **Z1   Ich sehe wen, der mich auch sieht**

Alter: 6+
Dauer: >5'

Spiel zur Partnerfindung oder Kommunikation

Die Spielenden sind im Raum verteilt und benützen jeweils einen Boomwhacker als Fernrohr. Damit versuchen sie Kontakt zu anderen Spielenden im Raum aufzunehmen. Wenn der Blick durch das Fernrohr erwidert wird, gehen beide aufeinander zu. Sie begrüßen sich, indem sie sich gegenseitig mit den Boomwhackern abklopfen.
Dieses Spiel dient der Partnerfindung für ein folgendes Spiel, oder es zielt auf Kontaktaufnahme und Kommunikation ab.

Z2   Klangmassage

Entspannungsspiel

Alter: 6+
Dauer: >10'

pentatonisches Material in Anzahl der TN oder diatonisches Material
je TN 2 Boomwhacker, evtl. Basskappen

Die Teilnehmenden finden sich in Paaren. Eine Person nimmt zwei Boomwhacker aus dem pentatonischen Material und massiert die andere Person durch leichtes Klopfen auf Muskelpartien. Dabei kann die zu massierende Person bäuchlings am Boden liegen oder vornübergebeugt stehen. Die Teilnehmenden werden darauf hingewiesen, nicht auf empfindliche Bereiche wie Nierenumgebung, Kniekehlen, Schädel und Wirbelsäule zu klopfen und über die Stärke des Klopfens das gegenseitige Einverständnis zu suchen. Nach einiger Zeit werden die Boomwhacker übergeben und die Rollen gewechselt. Bei der Massage entsteht, wenn man ausschließlich Boomwhacker aus dem pentatonischen Material verwendet, eine Klangwolke mit dem Akkord $C^{6/9}$ – oder $Am^{7/4}$, wenn einige zusätzliche Bassboomwhacker mit dem Ton a verwendet werden.

Variation – „harmonische" Klangmassage 6+

Das diatonische Material wird in die zwei Akkorde C^{maj7} und Dm^7 aufgeteilt. Die zuerst Massierenden haben zwei Boomwhacker aus dem Akkord C^{maj7}. Die anderen haben zwei Boomwhacker aus dem Akkord Dm^7 vor sich liegen. Sobald das erste Paar die Massage beendet, hören alle anderen Paare auch auf. Es erfolgt mit dem Rollenwechsel zugleich auch der Akkordwechsel.

! Tipp 1: Wenn Basskappen verwendet werden, sollte die offene Seite zum Massieren verwendet werden. Der tiefe Klang wird meist als sehr angenehm empfunden.

! Tipp 2: Viele Teilnehmende empfinden es als wohltuend, Töne der pentatonischen Skala bzw. des Akkordes mitzusingen.

! Tipp 3: Außer zur entspannenden Massage kann auch zum Wachwerden geklopft und massiert werden. Ein Kind kann sich selbst oder den Partner aufwecken.

Z3   Kurzschluss

Alter: 8+
Dauer: >15'

Aktion und Reaktion unmittelbar fühlen
Längere Boomwhacker und Bassboomwhacker mit Basskappen auf beiden Seiten

Immer zwei Personen nehmen sich einen Boomwhacker. Diesen stützen sie mit jeweils einer Handfläche an je einem Ende. Über den Boomwhacker verbunden, versuchen sie sich durch den Raum zu bewegen, ohne dass der Boomwhacker herunterfällt. Der Boomwhacker kann dabei auf vielfältige Weise im Raum gehalten werden: in horizontaler, vertikaler, diagonaler oder anderer Richtung.

Variation mit zwei Boomwhackern   8+
Jedes Paar nimmt einen zweiten, gleich langen Boomwhacker dazu und platziert ihn zwischen den beiden noch freien Handflächen. Die Bewegung erfolgt mit beiden Boomwhackern.

Variation in der Gruppe   10+
Eine Gruppe von fünf Personen hält fünf Boomwhacker und bewegt sich im gesamten Raum. Damit sie sich als Gruppe nicht nur verschieben, müssen alle Ebenen mit einbezogen werden, z.B. durch Heben der Boomwhacker über Kopfhöhe oder durch Überschreiten von tief gehaltenen Boomwhackern oder Drehungen um die eigene Achse.
Diese Variation kann die Mitglieder einer Gruppe für ein nachfolgendes Spiel mit Rhythmus und Bewegung sensibilisieren.

Z4 Ratespiel

Alter: 6+
Dauer: >15'

c', d', e', g', a', c" = pentatonisches Material

Eine oder mehrere Personen verlassen den Raum. Alle anderen suchen gemeinsam einen Begriff aus, den sie mit ihren Boomwhackern verklanglichen möchten. Die Art und Weise der Verklanglichung wird besprochen und auch kurz ausprobiert.
Dann werden die ratenden Personen wieder hereingebeten, hören sich die musikalische Gestaltung an und versuchen, den Begriff zu erraten.
Begriffe könnten aus den Bereichen Natur, Technik, Gefühle usw. stammen.

Variation mit wetteifernden Teams   8+
In mehreren Teams werden 1-3 Begriffe vorbereitet, die den anderen Teams vorgespielt werden. Welche Gruppe den Begriff errät oder ihm am nächsten kommt, erhält einen Punkt. Am Schluss wird zusammengezählt.

Z5 Klanggasse

Alter: 6+
Dauer: >10'

Führen und Folgen mit akustischem Signal

c', d', e', g', a', c" = pentatonisches Material, evtl. ein Tuch zum Verbinden der Augen
je TN 1 Boomwhacker

Alle stehen sich in Paaren gegenüber. Die Paare bilden eine Gasse mit genug Platz, damit eine Person durch die Gasse gehen kann. Diese Person bewegt sich „blind" und vorsichtig durch die Gasse. Es bringt immer nur das Paar direkt vor der „blinden" Person seine Boomwhacker zum Klingen. So folgt die Person einem durch Klang vorgezeichneten Weg durch den Raum. Die Gasse muss nicht gerade durchs Zimmer aufgestellt sein, sondern es können auch Kurven gebildet werden.

Variation – „wandernde" Klanggasse   8+

Die „blinde" Person kann auf unterschiedlichsten Wegen wieder zum Ausgangspunkt zurückgeführt werden. Dazu bewegt sich ein um das andere Paar, welches jeweils gerade passiert wurde, sehr leise wieder an das Ende der Gasse. Beim Anstellen an die Gasse kann eine neue Richtung für die „blinde" Person bestimmt werden. Am Ausgangspunkt angekommen, wechselt die „blinde" Person.

Z6   Spieladaptionen

Alter: 6+
Dauer: >15'

Altbekannte Spiele für Boomwhacker variiert

- „Kalt und Heiß" – etwas mit verbundenen Augen finden müssen. Je lauter die umstehenden Personen mit ihren Boomwhackern spielen, desto näher ist die suchende Person am gesuchten „Etwas".
- Fangen spielen und mit Boomwhacker „hörbar" abschlagen – alle schon abgeschlagenen Mitspielenden bilden am Rand des Spielfeldes ein Boomwhacker-Orchester, das das laufende Spiel vertont, z.B. Schrittrhythmen der Spielenden verstärken oder einen Groove spielen.
- Würfelspiel – wer eine Zwei würfelt darf ein Ostinato mit 2 Anschlägen mit einem oder zwei Boomwhackern spielen. Wer eine 5 würfelt, darf ein Ostinato mit 5 Anschlägen spielen usw. So kann eine rhythmische Schlange konstruiert oder eine Ostinato-Schichtung entwickelt werden. Auch eine Kombination mit einem Dirigierspiel, bei dem für jede Farbe eine Zahl gewürfelt wird, ist denkbar.

- „Feuer, Wasser, Erde & Luft" – alle Kinder laufen herum. Die leitende Person oder einige Kinder spielen dazu freie Rhythmen auf Boomwhackern. Erklingen nur noch rote Boomwhacker, bedeutet dies „Feuer", und alle Kinder müssen sich unter einem Tisch oder Stuhl verstecken. Das alleinige Spiel der grünen Boomwhacker bedeutet „Erde", alle legen sich auf den Boden. Das Spiel von gelben Boomwhackern bedeutet „Luft", und alle müssen sich an der Wand oder am Schrank oder auch aneinander festhalten. Das Spiel der Farbe Lila oder auch Pink bedeutet „Wasser", da müssen die Spielenden schnell auf einen Stuhl steigen, um keine nassen Füße zu bekommen. Natürlich können auch andere Aufgaben erfunden werden, und auch die Wahl der Farben ist frei und hier nur ein Vorschlag.

- „Alle … fliegen hoch!"
-
-

Für Ihre weiteren persönlichen Ideen und Notizen:

Anhang

Spieleregister

ab 4 Jahren

E1	Ausprobier-Runde	23
	Entdecken und Ausprobieren unterschiedlicher Spieltechniken	
E2	Stop and Go	24
	Entdecken und Imitieren unterschiedlicher Spieltechniken	
D1	Klangteppich dirigieren – Variation für jüngere Kinder	37
R1	La Ola – die Welle	51
	Spiel mit dem Metrum	
R2	Boomwhacker verschenken	52
	Spiel zur Stabilisierung des Metrums	
R3	Mit Rhythmusbausteinen spielen	53
	Erkennen und Imitieren von rhythmischen Motiven	
R4	Abzählverse vertonen	54
	Erkennen und Imitieren von rhythmischen Motiven, mit Tonhöhen gestalten	
R8	Taxi fahren – Variation mit Eisenbahn	60
V1	Eine Erbse geht auf Reisen	77
	Klänge explorieren und Zusammenspiel in zeitlichem Ablauf entwickeln	
V2	Boomwhacker-Lawine	78
	Verklanglichen eines Naturphänomens, Reaktionsspiel	
V2	Boomwhacker-Lawine – Variation: große Lawine	78
V3	Boomwhacker-Gewitter	79
	Klänge explorieren und Zusammenspiel in zeitlichem Ablauf entwickeln	
V5	Regensinfonie – erste Begleitung im Kindergartenalter	82

ab 6 Jahren

E1	Ausprobier-Runde – Variation mit Blickkontakt	23
E3	Impulsspiel mit Objekten	25
	Das Spiel mit Objekten unterstützt die Entwicklung vielfältiger Spielweisen	
E4	Ausprobier-Rondo	26
	Einbringen der entdeckten Spieltechniken in eine musikalische Form	
E5	Begrüßungsspiel	28
	Kontaktstiftendes Spiel mit improvisatorischen Elementen	
E5	Begrüßungsspiel – Variation mit Ende im Kreis	28
E8	Aktionslied „Tolles Rohr"	31
	Entdecken und Ausprobieren unterschiedlicher Spieltechniken	
D1	Klangteppich dirigieren	37
	Zusammenspiel durch Imitation entwickeln	
D1	Klangteppich dirigieren – Variation durch Dirigieren von Teilgruppen	37
D2	Wer dirigiert mit?	38
	Verantwortung für das Zusammenspiel fördern	
D2	Wer dirigiert mit? – Variation für mehrere Dirigenten	38
D3	Dirigieren mit den Füßen – Rhythmisches Zusammenspiel entwickeln	40

D3	Dirigieren mit den Füßen – Variation mit mehreren „Fuß-Dirigenten"	40
D3	Dirigieren mit den Füßen – Variation mit Dirigententausch	41
D4	Rhythmusteppich dirigieren
Rhythmisches Zusammenspiel durch Imitation entwickeln	41
D4	Rhythmusteppich dirigieren – Variation mit eingeschränktem Tonraum	41
R1	La Ola – die Welle – Variation mit Richtungsänderung	51
R3	Mit Rhythmusbausteinen spielen – Variation mit Rhythmusketten	53
R3	Mit Rhythmusbausteinen spielen – Variation mit Kleingruppenbildung	54
R5	Echospiel
Imitieren von rhythmischen Motiven	56
R6	Herzschlag
Metrum stabilisieren und über dem Metrum improvisieren	57
V1	Eine Erbse geht auf Reisen – Variation in Kleingruppen	77
V2	Boomwhacker-Lawine – Variation mit Bewegung	78
V4	Wasserkreislauf
Klänge explorieren und Zusammenspiel in zeitlichem Ablauf entwickeln	80
V5	Regensinfonie
Bordun, Ostinato zur Liedbegleitung spielen und Regen mit Boomwhacker und Bewegung gestalten	82
V5	Regensinfonie – Begleitung mit Bordun	82
V6	Gedichte verklanglichen
Klänge explorieren und Zusammenspiel in zeitlichem Ablauf entwickeln	84
V7	Lieder ausschmücken
Klänge explorieren und Zusammenspiel in zeitlichem Ablauf entwickeln	88
B1	Vulkanausbruch
Gegensatzpaare „langsam – eng" und „schnell – weit" erleben und diese klanglich verstärken	95
B12	Zirkus spielen
Zirkus als Impuls für Verklanglichung, Bewegung und Bewegungsbegleitung, Liedbegleitung und Darstellung	115
B12	Zirkus spielen – Variation: Einzug in die Arena	116
Hö1	Wie war das?
Hören, vorstellen und imitieren	125
Hö2	Geordnet wie die Orgelpfeifen
Vergleichen von Tonhöhen	125
Hö3	Ochs am Berg
Erkennen einer bestimmten Tonhöhe	126
Hö4	Schiffe im Nebel
Akustische Signale dienen zum Führen und Folgen	127
Hö5	Blindes Schaf
Tonhöhen vergleichen	128
Z1	Ich sehe wen, der mich auch sieht
Spiel zur Partnerfindung oder Kommunikation	164
Z2	Klangmassage
Entspannungsspiel	165
Z2	Klangmassage – Variation: „harmonische" Klangmassage	166
Z4	Ratespiel	168

Z5	Klanggasse	168
	Führen und Folgen mit akustischem Signal	
Z6	Spieladaptionen	169
	Altbekannte Spiele für Boomwhacker variiert	

ab 8 Jahren

E3	Impulsspiel mit Objekten – Variation mit Absprachen zur klanglichen Umsetzung	26
E4	Ausprobier-Rondo – Variation mit rhythmischem Couplet	27
E6	Ausprobieren im Team	29
	Selbständiges Arbeiten mit verschiedenen Spielweisen und Rhythmusmustern in Kleingruppen	
E6	Ausprobieren im Team – Variation mit rhythmischer Schlange	29
E7	Röhren-Poker	30
	Verklanglichung graphischer Elemente	
E7	Röhren-Poker – Variation mit Ratespiel	30
E7	Röhren-Poker – Variation mit zusätzlichen Karten	30
E8	Aktionslied „Tolles Rohr" – Variation mit Begleitung	31
D2	Wer dirigiert mit – Variation: Spiel nach einem rhythmischen Vorbild	39
D4	Rhythmusteppich dirigieren – Variation für ein Dirigieren von Kleingruppen	41
D4	Rhythmusteppich dirigieren – Variation „Dirigentenwahl"	42
D4	Rhythmusteppich dirigieren – Variation mit Bewegung	42
D5	Maschinenmeister	43
	Zu Wortrhythmen passende Bewegungen finden	
D6	Morsezeichen	44
	Getupfte Morsezeichen in Rhythmus umsetzen	
D7	Innen und außen	45
	Erfahrungen mit Bewegungsbegleitung	
D7	Innen und außen – Variation mit zwei dirigierenden Personen	45
R1	La Ola – die Welle – Variation mit mehreren Impulsen	52
R1	La Ola – die Welle – Variation mit rhythmischen Motiven	52
R1	La Ola – die Welle – Variation mit Tönen, die sich jagen	52
R5	Echospiel – Variation mit Bewegung	56
R5	Echospiel – Variation mit geschlossenen Augen	56
R5	Echospiel – Variation mit wechselnder Führung	56
R6	Herzschlag – Variation mit mehreren Personen in der Mitte	58
R7	Buschtelefon	59
	„Call and Response" mit rhythmischen Motiven	
R8	Taxi fahren	59
	Erkennen und Spielen von Rhythmen, Variationen oder Gegenrhythmen	
R8	Taxi fahren – Variation mit mehreren Taxis	60
R9	Rhythmus-Rudel	61
	Ostinato-Spiel, Entwicklung und Schichtung von rhythmischen Mustern	
R10	Rhythmus-Rudel unterwegs	62
	Ostinato-Spiel, Entwicklung und Schichtung von rhythmischen Mustern	
R11	Ja oder Nein!	63
	Ostinato-Spiel, gleiche Rhythmen mitspielen oder gegensätzliche entwickeln	
R11	Ja oder Nein! – Variation für ungeübte Spielende	63

R12	Du darfst!	64
	Ostinato-Spiel, freies Spiel mit wechselnden Rhythmen plus Dialog von zwei Spielenden	
R12	Du darfst! – Variation mit Blickkontakt	64
R13	Groove & Fills	65
	Ostinato-Spiel, Erfinden und Schichten von Rhythmen über einer bestimmten Phrasenlänge, Erfinden von Fills	
R14	Rhythmusleuchten	67
	Visualisieren von Rhythmen in der Dunkelheit	
R15	Spielverderberspiel	68
	Rhythmen über längere Zeit behaupten	
R15	Spielverderberspiel – Variation: feindliche Übernahme	69
V1	Eine Erbse geht auf Reisen – Variation mit selbst erfundenen Ereigniskarten	77
V4	Wasserkreislauf – Variation: Themenverteilung in Kleingruppen	80
V5	Regensinfonie – Begleitung mit einfachen Mustern	83
B1	Vulkanausbruch – Variation mit zusätzlicher Vulkandarstellung durch Bassboomwhacker	96
B2	Geisterstunde	97
	Fließende Bewegungen im Gegensatz zu abgehackten Bewegungen mit abschließendem Freeze (= einfrieren)	
B2	Geisterstunde – Variation ohne leitende Person	98
B3	Meereswellen	98
	Bewegungsbegleitung gestalten	
B3	Meereswellen – Musikalische Variation mit Bewegungsvorgabe	99
B4	Musikmaschine	100
	Mit Bewegung, Geräusch und Klang eine Musikmaschine konstruieren	
B4	Musikmaschine – Variation „Fließband"	101
B6	Move the Groove – pentatonisch	103
	Tanzspiel mit rhythmischen Mustern	
Hö4	Schiffe im Nebel – Variation „Wechselnde Winde"	127
Hö5	Blindes Schaf – Variation ohne Vergleichston	128
Hö6	Partnersuche	129
	Spiel zum Unterscheiden von Tonhöhen	
Ha1	Boomwhacker-Gangs	135
	Zweitonmotive improvisieren	
Ha2	Quod libet – 1625	137
	Singen zu Boomwhacker-Begleitung	
Ha3	Tube Blues	141
	Bluesform mit Melodie spielen, improvisieren	
Z3	Kurzschluss	167
	Aktion und Reaktion unmittelbar fühlen	
Z3	Kurzschluss – Variation mit zwei Boomwhackern	167
Z4	Ratespiel – Variation mit wetteifernden Teams	168
Z5	Klanggasse – Variation: „wandernde" Klanggasse	169

ab 10 Jahren

E4	Ausprobier-Rondo – Variation mit gleichen Phrasenlängen	27
E4	Ausprobier-Rondo – Variation mit mehreren Spielern für das Couplet	27
E5	Begrüßungsspiel – Variation mit gemeinsamem Rhythmus	28
E6	Ausprobieren im Team – Variation: Ostinato-Schichtung	29
E8	Aktionslied „Tolles Rohr" – Variation mit verschiedenen Begleitrhythmen	32
E8	Aktionslied „Tolles Rohr" – Variation mit neuer melodischer Schlusswendung	32
D2	Wer dirigiert mit? – Variation mit „Kuchenaufteilung"	39
D6	Morsezeichen – Variation für erfahrene Gruppen	44
D6	Morsezeichen – Variation mit mehreren Dirigenten	44
D7	Innen und außen – Variation mit Dirigier-Teams	45
R1	La Ola – die Welle – Variation mit Tempoänderungen	52
R5	Echospiel – Variation mit großer Phrasenlänge	56
R6	Herzschlag – Variation: gestalteter Ablauf mit Boomwhacker-Außenkreis	58
R7	Buschtelefon – Variation mit bestimmter Phrasenlänge	59
R8	Taxi fahren – Variation mit Imitation und Improvisation	60
R10	Rhythmus-Rudel unterwegs – Variation mit je zwei Boomwhackern	62
R12	Du darfst! – Variation mit wechselnden Dialogpartnern	64
R13	Groove & Fills – Variation mit doppelter Phrasenlänge	65
R13	Groove & Fills – Variation mit zwei Boomwhackern pro Person	66
R13	Groove & Fills – Variation mit choreographischen Ideen	66
R14	Rhythmusleuchten – Variation mit mehreren Dirigierenden	67
R14	Rhythmusleuchten – Variation: Ostinati hörbar und sichtbar im gemeinsamen Wechsel	67
R14	Rhythmusleuchten – Variation: Ostinati hörbar und sichtbar mit freien Wechseln	68
R14	Rhythmusleuchten – Variation mit Tanzgestaltung	68
R16	Boomwhacker-Samba Latin-Rhythmen mit Boomwhackern spielen	69
R16	Boomwhacker-Samba – Variation mit choreographischen Elementen	71
V5	Regensinfonie – Begleitung mit schwierigeren Mustern	83
V5	Regensinfonie – Begleitmuster auf zwei Spielende aufgeteilt	83
V5	Regensinfonie – Variation in anderer Reihenfolge	84
B2	Geisterstunde – Variation mit Klanggestaltung durch Boomwhacker	98
B4	Musikmaschine – Variation „wandernde Baustelle"	101
B5	Jump in Erfinden und Imitieren von Bewegungen zum Groove	102
B5	Jump in – Variation mit dichter Impulsfolge	102
B7	Move the Groove – diatonisch Tanzspiel zu rhythmischen Mustern	104
B7	Move the Groove – diatonisch – Variation mit Gesang und Lied	105
B8	Boomwhacker-Psychedelic Händetanz zur Boomwhacker-Begleitung	106
B8	Boomwhacker-Psychedelic – Variation „Raumwege"	108
B8	Boomwhacker-Psychedelic – Variation „Bluesy Hands"	108
B9	Treffen der Außerirdischen Entwickeln von Bewegungsmustern mit eigener Musik	108

B10	Samba Dança e Drama	111
	Latin-Rhythmen mit Boomwhackern spielen, kombiniert	
	mit Bewegungs-, Darstellungs- und Tanzaufgaben	
B11	Funky-Whacky-Beat-Kanon	113
	Bewegungskanon mit Boomwhacker-Spiel, vielfältige rhythmische und	
	tänzerische Gestaltungsmöglichkeiten	
B11	Funky-Whacky-Beat-Kanon – Variation mit Boomwhacker-Band in der Mitte	114
Hö5	Blindes Schaf – Variation „Schafe gesucht!"	128
Hö6	Partnersuche – Variation „Hallo, wo bist du?"	129
Hö7	Wer war es?	130
	Erkennen und Wiedererkennen von Mustern	
Ha3	Tube Blues – Variation: Melodieimprovisation	143
Ha4	Flipflop pentatonisch	144
	Grooves und pentatonische Improvisation	
Ha4	Flipflop pentatonisch – Variation „Solokette"	145
Ha5	Flipflop harmonisch	147
	Gruppen- und Einzelimprovisation mit Harmonien über eine feste	
	Phrasenlänge	
Ha6	Rockkonzert	149
	„Call and Response" singen über eine Boomwhacker-Begleitung	
Ha6	Rockkonzert – Variation mit Solisten	150
Ha6	Rockkonzert – Variation mit Text	150
Ha7	Boomwhacker-Reggae – Plastic Boombastic	152
	Improvisieren über Reggae-Groove, Grundlage für einen eigenen Popsong	
Ha8	Malagueña	155
	Chorisches Spiel einer andalusischen Kadenz im Wechsel	
	mit Improvisation	
Z3	Kurzschluss – Variation in der Gruppe	167

ab 12 Jahren

R5	Echospiel – Variation mit 2 Boomwhackern pro Kind	56
R5	Echospiel – Variation mit schnellen und fließenden Wechseln	57
Hö7	Wer war es? – Variation für Erfahrene	130
Ha4	Flipflop pentatonisch – Variation: Soli mit „Call and Response"	145
Ha4	Flipflop pentatonisch – Variation mit fester Phrasenlänge: „Flip-Flop-Rondo"	145
Ha4	Flipflop pentatonisch – Variation: „Call and Response" über eine Phrase	146
Ha5	Flipflop harmonisch – Variation: Soli mit „Call and Response"	147
Ha6	Rockkonzert – Variation mit Tanzphrase	150
Ha6	Rockkonzert – Variation mit „Boomwhacker-Drumset"	150
Ha6	Rockkonzert – Variation mit tänzerischen Elementen	151

Geschichte und Verbreitung der Boomwhacker

Die Informationen beziehen sich in weiten Teilen auf die Homepage der Firma Whacky Music® (www.boomwhackers.com/history.htm vom 15.10.2007).

Geschichte

- Mai 1995: Produktidee bei der Entsorgung von Papprollen durch Craig Ramsell
- September 1995: erste Prototypen
- Juni 1996: Pentatonik-Satz (c', d', e', g', a', c") kommt auf den Markt.
- 1997: Produktlinie entsteht in der heute erhältlichen Qualität.
- April 1998: Ergänzung der Pentatonik zur Diatonik mit den Tönen f' und h'
- April 1998: Ergänzung der Diatonik durch eine diatonische Bassoktave
- März 1999: Die diatonische Skala von c bis c" wird durch die chromatischen Zwischentöne ergänzt.
- November 1999: Die Basskappen kommen auf den Markt („Octavator Tube Caps®").
- Dezember 2003: chromatische Ergänzung des Instrumentariums mit den Tönen cis" bis g"
- Januar 2001: Publikationen der Herstellerfirma zum Einsatz ihrer Instrumente erscheinen.
- Januar 2004: Es erscheinen Zubehörteile, ohne das Instrumentarium zu erweitern.

Verbreitung

- Juni 1996: Einsatz für den Soundtrack von „Space Jam" im Titel „Samba Nova" von Chalo Eduardo
- September 1997: Start des internationalen Verkaufs mit einer Sendung nach Südafrika
- November 1997: Vorstellung der Instrumente auf einer Konferenz der American Orff-Schulwerk Association in Seattle, WA
- November 1997: Michel Widmer, der ebenfalls auf der amerikanischen Schulwerk-Konferenz war, bringt Boomwhacker wahrscheinlich erstmals nach Europa.
- Sommer 1998: Boomwhacker werden erstmals in einem trommelpädagogischen Buch erwähnt (Hall, A.: Drum Circle Spirit, White Cliffs Media, 1998).
- Präsentation von Boomwhackern auf verschiedenen Spielwarenmessen, z.B. Frankfurt 4/2000; mehrere Auszeichnungen der Spielwarenindustrie
- 2000: nach unserer Recherche der erste deutsche Artikel über Boomwhacker (Villaseca, C.: Boomwhackers – sind das Instrumente? In: AfS-Magazin Heft 10, 2000, S. 10-14)
- Das Instrumentarium wird zunehmend in der staatlichen Lehrerfortbildung thematisiert, z.B. April 2001 von Michel Widmer auf einem Lehrgang für Bodypercussion in der Akademie für Lehrerfortbildung und Personalführung in Dillingen/Bayern

- Diplom- und Magisterarbeiten zum Thema erscheinen, z.B.:
  - Brantner, I.: Boomwhackers: Betrachtung eines neuen Instrumentariums. Unveröffentlichte Diplomarbeit, Universität für Musik und darstellende Kunst „Mozarteum" – Abt. Orff-Institut, Salzburg, 2003
  - Uhr, St.: Der Einsatz von Boomwhackers in der Musik- und Bewegungserziehung. Unveröffentlichte Magisterarbeit, Universität für Musik und darstellende Kunst „Mozarteum" – Abt. Orff-Institut, Salzburg, 2005
- Diverse Buchveröffentlichungen in deutscher Sprache, oftmals mit CD, meist mit auskomponierten Spielstücken. Häufig werden Teile bekannter Popmusikstücke für die Arbeit im Klassenverband oder für Perkussionsensembles adaptiert (vgl. Literaturverzeichnis ab S. 182).
- Verschiedene Artikel zum Thema „Boomwhacker" in diversen Fachzeitschriften; besonders erwähnenswert erscheint uns ein Artikel von Ulrike Meyerholz: Musica Plastica … und es hat „boom" gemacht! In: musikpraxis, Boppard/Rhein, Heft 97, 2003.

Glossar

Kursiv gesetzte Begriffe in den Erklärungen besitzen einen eigenen Eintrag in diesem Glossar.

Akkord: eine bestimmte, zusammengehörige Gruppe von Tönen, die gleichzeitig oder nacheinander erklingen können

Bass: tiefste Stimme in einem musikalischen Satz

Bewegungsbegleitung: Musik zur Bewegung und Bewegung zur Musik

Cajon: Holzkiste mit oder ohne Schnarrsaiten, mit der sich *Drumset*-Klänge gut imitieren lassen. Stammt aus dem südamerikanischen Raum.

Call and Response: Musikalische Form von „Frage und Antwort". Wird besonders in afrikanischen Kulturen gepflegt und fand darüber Eingang in die populäre Musik.

Chromatik: Die Verwendung aller Halbtöne des abendländischen Tonsystems. Dies ergibt eine zwölftönige Leiter.

Couplet: Ein Couplet ist ein Zwischenteil eines *Rondos*. Der wiederkehrende Teil eines Rondos heißt *Ritornell*.

Diatonik: Die Verwendung der leitereigenen Töne ohne die Zwischenhalbtöne, z.B. nur die Töne der C-Dur-Tonleiter oder der (natürlichen oder melodischen) A-Moll-Tonleiter. Es entsteht eine siebentönige Leiter mit 5 Ganz- und 2 Halbtönen.

Diskant: hohe Töne bzw. Stimmen, meist mit Melodieführung

Drumset bzw. Drumkit: Schlagzeug mit den Instrumenten Bassdrum, Snaredrum, Tom-Toms, Becken und Hi-hat; in unserem Spiel Ha6 „Rockkonzert" (S. 149) reduzieren wir diesen Begriff auf die Klänge von Bassdrum und Snaredrum.

Face to face: Die Personen stehen sich gegenüber mit Blickkontakt.

Fade Out: Ein Musikstück wird immer leiser bis zur Unhörbarkeit gespielt. (Bei der technischen Wiedergabe von Musik wird dieser Effekt durch Ausblenden erzeugt.)

Fill-in: Am Ende einer Phrase wird ein melodisch-rhythmischer „Füller" gespielt. So wird das Phrasenende und der kommende Neubeginn der Phrase betont.

Graphische Notation: Musikalische Abläufe werden nicht mit Noten, sondern mit graphischen Symbolen und Zeichen festgehalten.

Groove: Der Begriff „Groove" wurde aus dem nordamerikanischen Englischen ins Deutsche importiert und kennzeichnet eine fortlaufende und sich wiederholende Rhythmusschichtung, oft mit Einflüssen aus der afroamerikanischen Musik. Groove ist stimulierend und regt zum Tanzen an.

Hand to hand: Eine Spieltechnik, bei der die Hände bzw. Boomwhacker abwechselnd eingesetzt werden.

Intro: Typisch für Pop- und Rocksongs, oftmals steigen die beteiligten Instrumente nacheinander ein und bauen eine musikalische Stimmung auf, bevor die erste Strophe oder der Refrain des Liedes beginnt.

Klingender Wurf: unsere Wortschöpfung für ein besonderes Ende eines Musikstückes oder einer Klangaktion, vgl. „Erweiterte Spieltechniken", S. 18

Kuchenaufteilung: Für Spielanfänger und jüngere Kinder eignet sich zu Beginn das Beieinandersitzen in Farbgruppen. Wir nennen dies die „Kuchenaufteilung". Dies vereinfacht den dirigierenden Personen und allen Spielenden die Orientierung im Spielprozess.

Metrum: eine regelmäßige Folge von leichten und starken Betonungen / von musikalischer Spannung und Entspannung

Muster: siehe *Ostinato*

Ostinato: Eine musikalische Phrase, die in gleicher Form immer wieder wiederholt wird. Sie kann ein- oder mehrtaktik sein.

Outro: Typisch für Pop- und Rocksongs, z.B. wird eine kurze harmonische und/oder melodische Wendung des Liedes am Ende mehrmals wiederholt, klanglich verfremdet oder von vielen weiteren Melodiestimmen überlagert; typisch ist auch ein stetiges Leiserwerden *(Fade Out)*.

Pattern: siehe *Ostinato*

Pausengriff: unsere Wortschöpfung für eine hilfreiche Ruheposition des Boomwhackers (vgl. E2 „Stop and Go", S. 24)

Pentatonik: Eine halbtonlose fünftönige Leiter, meist mit drei Ganztönen und 2 kleinen Terzen. (Jeder der fünf Töne kann der Grundton sein.) In unserem Buch verwenden wir pentatonisches Material für folgende Boomwhacker-Reihe: c', d', e', g', a', c''.

Phrase: ein zusammengehöriger, melodiehafter oder rhythmischer Musikabschnitt

pulsieren/pulsen: im Metrum der Musik mitspielen

Quodlibet: Musikalisches Allerlei („quod libet" = lat. wie es beliebt). Es ist ein aus Melodieteilen oder nicht zusammengehörenden Stimmen bestehendes Musikstück. Als Quodlibet wird in der heutigen Musik oft das gleichzeitige Singen verschiedener Lieder mit gleicher Harmoniestruktur bezeichnet. Die Kunst, Lieder für den gleichzeitigen Gebrauch zu komponieren, entstand im 15./16. Jahrhundert.

Ritornell: Thematischer Teil des Kettenrondos, der meistgebrauchten *Rondo*form. Dazwischen sind immer *Couplets* oder Episoden eingeschoben. (Bei Barocksolokonzerten werden die thematischen *Tutti*-Teile ebenfalls so bezeichnet.)

Rondo: Die in unserem Buch verwendete Rondoform ist das Kettenrondo, bei der sich das *Ritornell* und die unterschiedlichen *Couplets* abwechseln. Bekannt sind auch Bogen- oder Sonatenrondo, die in unserem Buch keine Rolle spielen.

sagittal: „sagittus" = lat. der Pfeil; Bezeichnung im Tanz für eine schmale und gestreckte Form des Körpers in vertikaler Richtung

Solo: In einer Musikgruppe spielt jemand alleine oder besonders betont und hervorgehoben.

Takt: definiert eine Folge von Betonungen, z.B. schwer – leicht – leicht = 3/4-Takt

TN (Abkürzung): Teilnehmer

Tutti: Es spielen alle Beteiligten.

 „Tipps" für die direkte Umsetzung in der Praxis

 Hier haben Sie Platz für Ihre eigenen Ideen.

Literaturverzeichnis

Literatur zum Thema Boomwhacker

BIEDERMANN, Detlev, u.a.: Boomwhackers – Musical Tubes, klasse musik spezial, Schott, Mainz, 2003
BRANTNER, Irene: Boomwhackers: Betrachtung eines neuen Instrumentariums. Unveröffentlichte Diplomarbeit, Hochschule für Musik und darstellende Kunst „Mozarteum", Salzburg, 2003
EISEL, Helmuth., MÖLLER, Sandra.: Moderner Musikunterricht mit Boomwhackers, Auer, Donauwörth, 2007
FONCANNON, Ellen.: Totally Tubular – Games and Activities for Boomwhackers Musical Tubes, Warner Brothers, Sedona/USA, 2003 (mittlerweile liegen 5 Bände vor)
GRAMSS, Klaus: Boomwhackers im Klassengroove, Edition Helbling, Rum/A, 2004
GRAMSS, Klaus: Funky Japanese: Klassenmusizieren mit Boomwhackers. In: MIP-Journal, Edition Helbling, Rum/A, Heft 9, 2004, S. 38-43
GRAMSS, Klaus: Boomwhackers elementar 1, Edition Helbling, Rum, 2007
JUDAH-LAUDER, Chris.: Fun with Boomwhackers!, Warner Brothers, Miami/USA, 2001
JUNKER, Martin J.: Tubular Music, Fidula, Boppard/Rhein, 2003, Metronomics Bd. 5
MEYERHOLZ, Ulrike: Musica plastica ... und es hat „boom" gemacht! In: musikpraxis, Fidula, Boppard/Rhein, Heft 97, 2003, S. 22-28
MEYERHOLZ, Ulrike: Die Gummibärchenmaschine. In: musikpraxis, Fidula, Boppard/Rhein, Heft 116, 2007, S. 26-29
TERHAG, Jürgen: Kunterbunte Fluddel-Musik. Improvisation und Komposition mit Boomwhackers. In: AfS-Magazin Heft 13, 2002, S. 20-25
UHR, Stephan: Der Einsatz von Boomwhackers in der Musik- und Bewegungserziehung. Unveröffentlichte Magisterarbeit, Hochschule für Musik und darstellende Kunst „Mozar-

teum", Salzburg, 2005 (Exemplar im Orff-Institut Salzburg und bei der österreichischen Nationalbibliothek in Wien einsehbar)
UHR, Stephan: Boomwhackers – Rhythm and fun for everybody, unveröffentlichtes Skript zur Lehrerfortbildung in der aktualisierten Fassung von 2004
VILLASECA, Cornelia: Boomwhackers – sind das Instrumente? In: AfS-Magazin Heft 10, 2000, S. 10-14
VILLASECA, Cornelia: Boomwhackers, Auer, Donauwörth, 2005
WIDMER, Michel: Ein neues Instrumentarium und eine alte Methode. Orff-Schulwerk-Informationen, Salzburg, Heft 67, 2001, S. 40-42

Literatur zur elementaren Musik- und Bewegungspädagogik

FRIEDEMANN, Lilli: Trommeln – Tanzen – Tönen: 33 Spiele für Große und Kleine, Universal Edition, Wien, 1983, Rote Reihe Bd. 69
FRIEDEMANN, Lilli: Einstiege in neue Klangbereiche durch Gruppenimprovisationen, Universal Edition, Wien, 1973
FRIEDEMANN, Lilli: Gemeinsame Improvisation auf Instrumenten, Bärenreiter, Kassel, 1974
GOODKIN, Doug: Sound Ideas, Warner Brothers, Miami/USA, 2002
HASELBACH, Barbara: Tanz und bildende Kunst, Klett, Stuttgart, 1991
HASELBACH, Barbara: Tanzerziehung: Grundlagen und Modelle für Kindergarten, Vor- und Grundschule, Klett, Stuttgart 1975^2
HASELBACH, Barbara: Improvisation, Tanz, Bewegung, Klett, Stuttgart, 1987^4
HASELBACH, Barbara: ORFF Schulwerk – Elementare Musik- und Bewegungserziehung. In: BANNMÜLLER, E., RÖTHIG, P. (Hrsg.), Grundlagen und Perspektiven ästhetischer und rhythmischer Bewegungserziehung, Klett, Stuttgart, 1990, S. 183-208
HOLTHAUS, Klaus: Klangdörfer, Fidula, Boppard/Rhein, 1994
JUNGMAIR, Ulrike: Das Elementare, Zur Musik- und Bewegungserziehung im Sinne Carl Orffs, Schott, Mainz, 1992
KEETMAN, Gunild: Elementaria: Erster Umgang mit dem Orff-Schulwerk, Klett, Stuttgart, 1981^3
KELLER, Wilhelm: Ludi musici 1: Spiellieder, Fidula, Boppard/Rhein, 1970
KELLER, Wilhelm: Ludi musici 2: Schallspiele, Fidula, Boppard/Rhein, 2002^2
KELLER, Wilhelm: Ludi musici 3: Sprachspiele, Fidula, Boppard/Rhein, 2002^2
KUGLER, Michael: Elementarer Tanz – Elementare Musik, Die Günther-Schule München 1924-1944, Schott, Mainz, 2002
ORFF, Carl: Das Schulwerk – Rückblick und Ausblick, in: Orff-Institut Jahrbuch 1963, Schott, Mainz, 1964
REICHLE-ERNST, Susi, MEYERHOLZ, Ulrike: Einfach lostanzen, Zytglogge, Gümligen, 1992
REICHLE-ERNST, Susi, MEYERHOLZ, Ulrike: Heisse Füße, Zaubergrüsse, Zytglogge, Bern/CH, 1998
SALMON, Shirley, SCHUMACHER, Karin (Hrsg.): Symposon Musikalische Lebenshilfe, Books on Demand, Hamburg, 2001

TISCHLER, Björn, MORODER-TISCHLER, Ruth: Musik aktiv erleben, Diesterweg, Frankfurt/Main, 1990
TISCHLER, Björn: Musik aktiv gestalten, Diesterweg, Hannover, 2003²
UHR, Stephan: Modelle zum Umgang mit Rock und Pop in der Hauptschule, unveröffentlichtes Skript zur Lehrerfortbildung in der Fassung von 2003
WIDMER, Manuela: Alles, was klingt, Herder, Freiburg im Breisgau, 1997
WIDMER, Michel: Spielesammlung zum kreativen Umgang mit Pop-/Rockmusik in der Jugendarbeit. In: HERING, B., u.a. (Hrsg.): Praxishandbuch Rockmusik in der Jugendarbeit, Leske, Opladen, 1993
ZIMMERMANN, Jürgen: JUBA: Die Welt der Körperpercussion, Fidula, Boppard/Rhein, 2000²

Literatur zur Musik in der Sozialen Arbeit

JÄGER, Jutta., KUCKHERMANN, Ralf (Hrsg.): Ästhetische Praxis in der Sozialen Arbeit, Juventa, Weinheim und München, 2004
BRUHN, Herbert: Musikpsychologische Grundlagen. In: HARTOGH, T., WICKEL, H. H.: Handbuch Musik in der Sozialen Arbeit, Juventa, Weinheim und München, 2004
HARTOGH, Theo, WICKEL, Hans Hermann (Hrsg.): Handbuch Musik in der Sozialen Arbeit, Juventa, Weinheim und München, 2004
HOFFMANN, Bernward, MARTINI, Heidrun, MARTINI, Ulrich, REBEL, Günther, WICKEL, Hans Hermann, WILHELM, Edgar: Gestaltungspädagogik in der Sozialen Arbeit, Schöningh, Paderborn, 2004
WAGNER, Horst (Hrsg.): Kinder Spielen Musik, Sozialpädagogisches Institut Köln, 1989

Allgemeine pädagogische, pyschologische, musikpädagogische und musiktherapeutische Literatur

AYRES, Jean: Bausteine der kindlichen Entwicklung, Berlin, 1984
BUROW, Olaf-Axel: Die Individualisierungsfalle. Kreativität gibt es nur im Plural, Klett-Cotta, Stuttgart, 1999
ENGLERT, W.: Hit me with the rhythm sticks. In: Musik und Unterricht, Friedrich, Seelze, Heft 49, März 1998, S. 48-54
FLITNER, Andreas: „Spielen – Lernen", München 1973 & Beltz Taschenbuch 2002
FRIEDRICH Jahresheft: Spielzeit, Friedrich, Seelze, 1995
FRÖHLICH, Werner. D.: Wörterbuch Psychologie, dtv, München 2002⁴
HEGI, Fritz: Improvisation und Musiktherapie, Paderborn, 1993⁴
HOLM-HADULLA, Rainer M.: Kreativität – Konzept und Lebensstil, Vandenhoeck & Ruprecht, Göttingen, 2005
KUNSTMANN, U., NOVY, T., WISSKIRCHEN, U.: Einmal auf die Pauke hauen: Bau und Einsatz von Trommeln im projektorientierten Unterricht der Grundschule und Sekundarstufe, Auer, Donauwörth, 1998
MEYBERG, Wolfgang: Trommelnderweise, Großer Bär, Hemmoor, 1989

Musik und Unterricht, Friedrich, Seelze, Heft 45, Juli 1997: Entwickeln musikalischer Fähigkeiten
Musik und Unterricht, Friedrich, Seelze, Heft 49, März 1998: Klassenmusizieren
OERTER, Rolf, MONTADA, Leo (Hrsg.): Entwicklungspsychologie, Beltz, Weinheim, 1995[3]
OERTER, Rolf: Psychologie des Spiels. Ein handlungstheoretischer Ansatz, München, Quintessenz, 1993
OERTER, Rolf: Die Rolle des Spiels in der musikalischen Entwicklung des Kindes. In: SALMON, Shirley, SCHUMACHER, Karin (Hrsg.): Symposon Musikalische Lebenshilfe, Books on Demand, Hamburg, 2001, S. 139-161
RATHMANN, Ingeborg, WEISS, Margot: Rhythmik und Gestalten, Als, Frankfurt/Main, 1987
REINSTADLER, W.: Lasst die Musik sprechen! Ein Plädoyer für das Klassenmusizieren. In: mip-journal, Edition Helbling, Rum/A, Heft 4/2002
SCHWABE, Matthias: Musik spielend erfinden, Bärenreiter, Kassel, 1992
VESTER, Frederic: Denken, Lesen, Vergessen, dtv, München, 1975
WELSCH, Wolfgang: Ästhetik und Anästhetik, Reclam, Stuttgart, 1995[4]
ZÖLLER, Gerda: Musik und Bewegung im Elementarbereich – ein Beitrag zur Kommunikations- und Kreativitätserziehung, Auer, Donauwörth, 1977

Tipps zur Anschaffung und Lagerung

Boomwhacker sind mittlerweile in gut sortierten Musikgeschäften erhältlich oder bestellbar. Auch Versandunternehmen für Schule, Kindergarten oder Soziale Arbeit haben sie oft im Angebot. Wichtig ist nur, dass man zum Originalprodukt greift. Konkurrenzprodukte sind häufig aus einer härteren Kunststoffmischung gefertigt und die Farbzusammenstellung ist verschieden. Somit sind sie mit den Boomwhacker-Originalen nicht kompatibel.

Für Gruppen mit der Größe von etwa 20-30 Personen empfehlen wir als Grundausstattung
- 4 pentatonische Sätze
- 2 diatonische Sätze mit chromatischer Ergänzung
- 1 diatonischen Satz Bassboomwhacker
- mindestens 18 Basskappen (Octavator Caps).

Als Ergänzung empfehlen wir
- 2 diatonische Sätze mit chromatischer Ergänzung
- 2 Sätze chromatische Ergänzung von cis" bis g" (Sopranlage)
- 1 diatonischen Satz Bassboomwhacker
- 1 chromatischen Ergänzungssatz Bassboomwhacker
- zusätzliche Basskappen

Da Boomwhacker in der vorgeschlagenen Auswahl etwa den Preis einer guten einzelnen Conga ausmachen und gleichzeitig für das Musizieren mit einer großen Gruppe ausreichen, kann man sie als preiswerte Instrumente bezeichnen. Natürlich meinen wir nicht, dass Boomwhacker anstatt einer Conga angeschafft werden sollen. Uns ist nur wichtig darzustellen, dass Boomwhacker ein bestehendes Instrumentarium preiswert ergänzen. Boomwhacker eignen sich aus zwei Gründen für den Gebrauch im Klassenzimmer oder Gruppenraum:

- Boomwhacker sind leicht.
- Selbst wenn eine große Gruppe spielt, werden Personen im Nachbarraum nicht gestört.

Deshalb können die Instrumente zu den Spielenden auch vom Lehrer- oder Musikzimmer ins Klassenzimmer oder den Gruppenraum getragen werden. Auch Kinder können eine größere Anzahl transportieren. Dazu sollte man Boomwhacker in gut transportablen Behältnissen lagern. So können sie auch leicht per Fahrrad oder mit dem Auto zum Einsatzort transportiert werden.

Wir schlagen vor:
- Skisäcke mit Umhängegurt (Abb. 1)
- Faltbares Behältnis aus dem Gartenbedarf (Abb. 2)
- mehrere Plastikeimer mit seitlichen Griffen (Vorsortierung möglich, Abb. 3)
- evtl. große, stabile Pappkartons, z.B. Umzugkartons, oder Plastikkisten (Abb. 4)
- Basskappen können in Baumwolltaschen oder sonstigen Taschen zu den Boomwhackern gelegt werden (Abb. 5)
- Trommel-Gigbags

Abb. 1   Abb. 2   Abb. 3   Abb. 4   Abb. 5

Selbstbau von Boomwhackern

Selbstbau-Boomwhacker kann man aus Papprohren, z.B. Kerne von Geschenkpapierrollen oder Haushaltsrollen, herstellen. Der Durchmesser der Rollen ist für die Tonhöhe nicht entscheidend, nur die Länge bestimmt die Tonhöhe. Diese Selbstbauinstrumente können mit der entsprechenden Farbe angemalt oder beklebt werden. Sie sind allerdings lange nicht so haltbar wie die gekauften Boomwhacker, können aber gut als Ergänzung herangezogen werden. Denn oft fehlen bestimmte Töne für einen besonderen Akkord, oder wenn dreißig Kinder mit je zwei Boomwhackern spielen wollen, dann brauchen die gekauften Vorräte eben Ergänzung.

Hier die Längenmaße für den Selbstbau von Boomwhackern in der Oktave c' bis c":

c'	=	62,5 cm
cis'	=	58,9 cm
d'	=	55,7 cm
dis'	=	51,9 cm
e'	=	49,2 cm
f'	=	46,4 cm
fis'	=	43,5 cm
g'	=	40,8 cm
gis'	=	38,7 cm
a'	=	36,5 cm
ais'	=	34,2 cm
h'	=	32,2 cm
c"	=	30,1 cm

Tipp: Je nach Materialbeschaffenheit können die angegebenen Längen minimal abweichen. **!**

Kopiervorlagen

E7 „Röhren-Poker" (S. 30)

Kartensatz „Impulse"

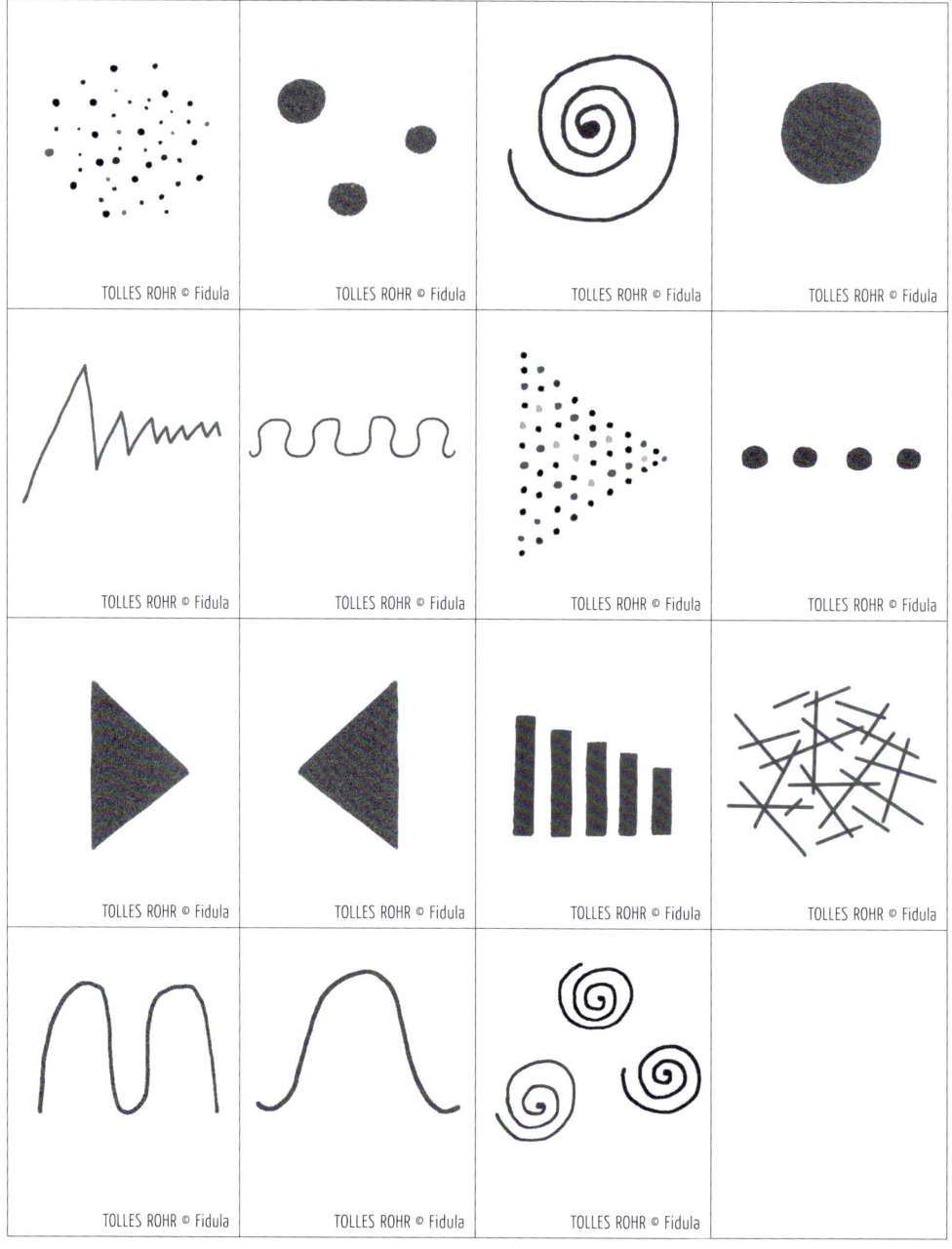

R3 „Mit Rhythmusbausteinen spielen" (S. 53)

Kartensatz „Rhythmusbausteine"

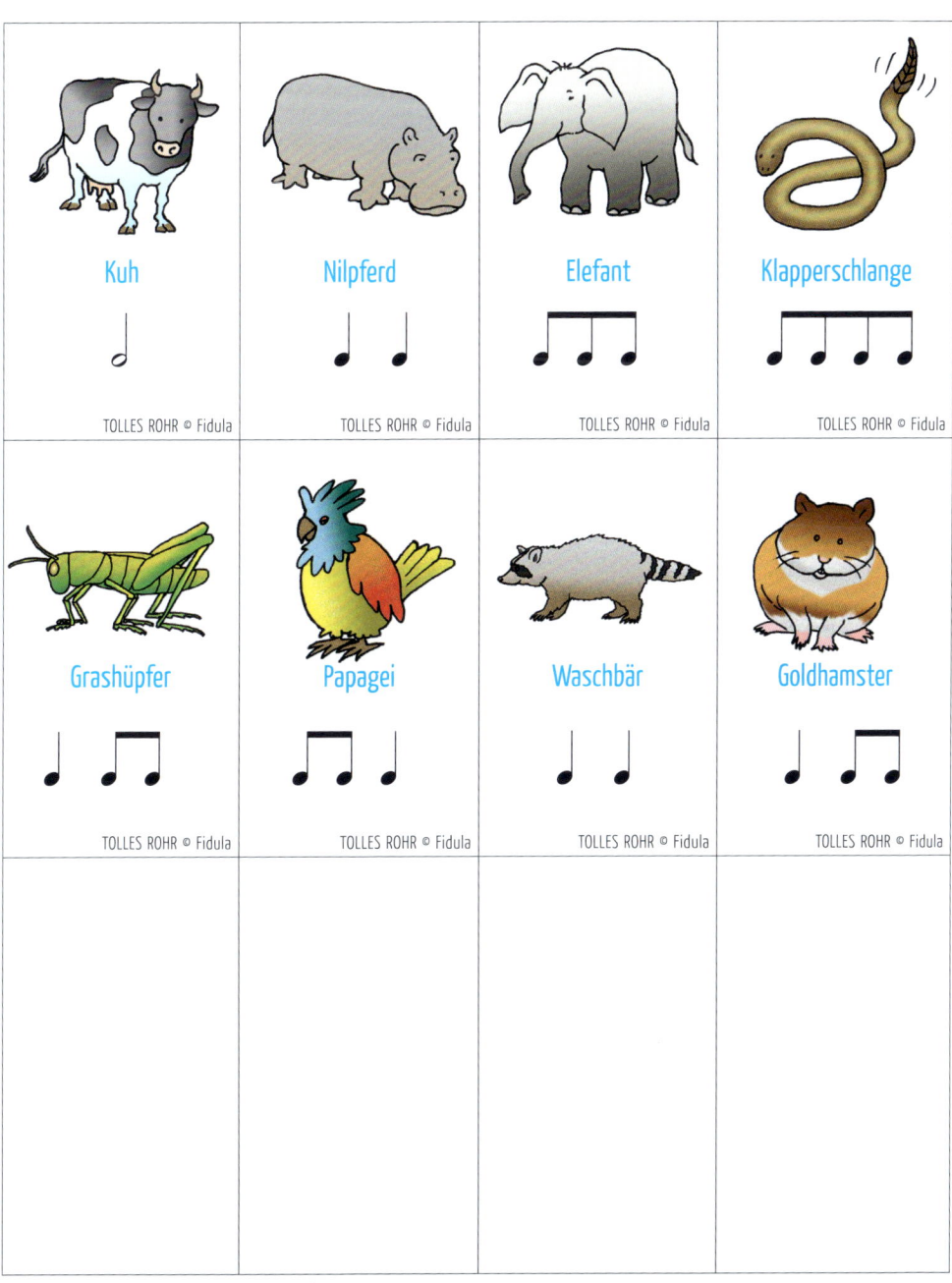

V1 „Eine Erbse geht auf Reisen" (S. 77)

Ereigniskarten

V4 „Wasserkreislauf" (S. 80)

Wolkenbildung	Regen	Fluss	Tropfsteinhöhle
Wasserfall	Stromschnellen	Flussmündung	Schnee
Lawine	Nebel		

Michel Widmer und Stephan Uhr TOLLES ROHR © Fidula